小学館文庫

96歳のピアニスト

室井摩耶子

小学館

JN253632

成城の自宅にて。ピアノは、ヨーロッパ滞在中から50年以上弾いている宝物のスタンウェイ。

はじめに

舞台へと続く、扉の前に立ちます。

その扉がサッと開かれると、光に溢《あふ》れる舞台が目の前に広がり、聴衆たちの期待と緊張が舞台のそでにいる私のもとへと流れ込んできます。

こつ、こつ、こつ。

その流れに逆らうように、ピアノへと歩み出すと、自分の足音が響きます。まるで心臓の鼓動のように。

十数年前まで高いヒールを履《は》いてステージに出ていたときには、硬質な足音が響いたものでした。今は、足元を気遣って高いヒールは履きません。だから、足音も柔らかなものに変わりました。

それでも、リサイタルに臨む緊張感、高揚感、そして、孤独感は何年経《た》っても変わりません。

そう、多くの聴衆に囲まれているのに、舞台を歩いているときの私はいつも、たったひとりで音楽に向かい合う孤独感に襲われるのです。

ピアノを始めたのは6歳のとき。

23歳でソリストとしてデビューをしました。

もう、かれこれ90年間、ピアノを弾き続け、リサイタルを行ってきています。途中、34歳でドイツに渡り、61歳で帰国するまでは海外で活動を続けました。

いったい私はどれほどのステージを経験してきたのでしょう。幼いころから数字に弱いので、その数はわかりません。

なにしろ、自分の年齢すら、ときに忘れてしまうくらいなのですから。


こつ、こつ、こつ。

ドイツで師事した恩師、ヴィルヘルム・ケンプ教授は、「ステージで弾くときは、うれしくてたまらないくらいでなければいけない」とおっしゃいました。

そのためには、楽譜のなかのたったひとつの音の響きを探し求め、たったひとつの間《ま》を追い求める練習が欠かせません。

弾いて、弾いて、弾いて、納得がいくまで弾く。

そして、本番当日、舞台を歩く足音を響かせながら、たったひとりで音楽と向き合うのです。

思えば、私の人生はピアノ一色。

気がつけば90歳を超えていました。

近年、「長寿の秘訣《ひけつ》は何ですか」「健康法を教えてほしい」と取材を受けることが多くあります。

格別、長生きを目指してきたわけではないので、これといった長寿法はありません。とくに健康を意識してやっていることもない、と自分では思います。

でも、なにかあるとすれば、年齢にあらがうことなくあるがままを受け入れ、ピアノに専念する以外はさっぱりと気ままに、ある意味、わがままに過ごす、その生き方、考え方に何か理由があるかもしれません。


92歳のときに、そんな自分の来し方を振り返り、『わがままだって、いいじゃない。——92歳のピアニスト「今日」を生きる——』を上梓《じょうし》しました。

今回、96歳の誕生日を迎えるにあたって、この本を文庫化することになり、改めて読み返してみたのですが……。

あら、あれから4年経っても、私の暮らし方や生き方はちっとも変わっていないわ、とびっくりしました。

90年以上も生きていると、時の流れも、変化も、ゆっくりとしてくるのでしょうか。それでも少しは変わった部分を加筆、訂正し、みなさんに本書『96歳のピアニスト』をお届けしようと思います。

96歳になった今も、私は靴音を響かせながら舞台の中央へと歩いていき、多くのみなさんの前でピアノを弾き続けます。

ピアノを弾くこと。それは、生きること、だから。

目　次

はじめに　5

第1章　やりたいことをやり、食べたいものを食べる。これが人生の贅沢ね。

○90歳を目前に新居を建築　14
○老人は平屋暮らし…は、つまらない　15
○「家が若返ったら、室井さんも若返ったね」　17
○ピアノを弾いているか、食べているか、寝ているか　18
○1日8時間もピアノに向かって探し物　20
○たったひとつの音に背中がぞくっとする瞬間　21
○「体調リベラリズム」がいいようです　23
○おいしいパンを買いに行くとき　24
○週に6日は〝肉〟の「肉食女子」です　27
○「調理時間は30分」がマイルール　29
○絶食のあとお肉を食べたら、階段もトントントンッ！　30
○「食べたい気持ち」に負けて夏につくる料理　31
○おやつは「ソーセージや酢昆布」　32
○食の〝恨み〟や〝悩み〟があるんですよ　34
○街からキンモクセイが消えた？　35

第2章　〝老い〟にあらがわない。でも、甘えない。それが私流。

○「覚える」能力は衰えてきたわね　38
○「若返る」なんてもったいない　40
○楽譜は変わらなくても、私の〝ずだ袋〟が変わる　42
○アイラインと帽子で万事ＯＫ　44
○20代はスカーレット・オハラのような〝縦巻き〟　46
○人と同じものは着たくない〝アンチ流行派〟　48
○ローヒールでもエナメルならばおしゃれに見えます　50
○最近は「夜中の定期便」がやってくるの　51

○「温泉でゆっくり」なんてごめんです 53
○唯一のスキンケア術は、「しわよ、伸びろ～」の呪文 54

第3章 三つ子の魂なんとやら。天衣無縫な子どものまま気がつけば96歳？

○〝規格外〟の人間になったのは、アインシュタインの影響!? 58
○赤ちゃん言葉はNG 60
○おうちがどこかに行っちゃった！ 62
○駅構内でおきた事件の犯人は… 64
○私が結婚できなかったのは男女共学のせい？ 65
○話し方、聞き方の授業 67
○兄の敵討ちは私にお任せを！ 69
○兄の死で、〝悲しみの絶望的な深さ〟を知りました 70
○おせっかいの〝引き受け性〟 71
○「昭和の世になって、今さらお琴でもないだろう」 73
○定時のピアノのお稽古は、ご近所の時計代わり 76
○人を縛る規則はやぶりたい 77

第4章 これが最後の演奏会。ピアノをやめようと思ったこともあるわ。

○「モーツァルトの音楽とは、どんな音楽ですか」 80
○本場、ヨーロッパの音にショック 82
○戦争中は軍需工場で腕のいい旋盤工 83
○リサイタル後の空襲で、会場は遺体安置所に 84
○ピアノを牛車に乗せて〝決死の疎開作戦〟 86
○「現代音楽の室井」と賞賛されるたび、絶望的に 88
○黒澤明監督の映画に私の〝手〟が初出演 90
○映画『ここに泉あり』では岸惠子の敵役 92
○「足りないもの」を見つけられるまで

帰らない決心で渡欧 94
○パーティでは〝かわい子ちゃん〟扱い 97
○一度、自分というものを捨ててみよう 98
○八百屋のおじさんの鼻歌がオペラのアリア!? 101
○小学校の卒業文集に書いた夢が、現実に 102
○「日本人のあなたに ベートーヴェンが弾けますか?」 103
○男に生まれたかった 106

第5章 わかりそうで、わからない。できそうで、できない。それがピアノの魔力ね。

○音楽とは音で書かれた詩であり、小説であり、戯曲です 112
○りんごの3等分が難しいように、三連符を弾くのは難しい 115
○落語もクラシックも〝間〟が命 116
○天の岩戸から光が射す瞬間 118
○音楽の神さまは嫉妬深い 121
○大切なのは力まないこと 122
○一流のピアニストは、たとえ屋根裏部屋でも一流のホテルに泊まるべき 126

第6章 人生、悲喜こもごも。長生きするとずだ袋の中身もいっぱい。

○ピアニストとはストリップをしているようなもの 130
○ドイツのお城に住む男性からのプロポーズ 131
○61歳で帰国 133
○肺がんになっちゃった 136
○膝の骨を折ったときも、医師が驚く回復力 138
○気に入らない批評家の言葉は、くずかごへポイッ 140
○介護のときは、心の時計をストップ 142

○人生の唯一の心残りは、子どもを産まなかったこと 143
○無人島にひとつだけもっていくなら、紙と鉛筆 145
○親友が亡くなって、身体の一部がなくなった気がします 148

第7章 ピアノのレッスンはつらいもの。なんて生徒に思わせたら、先生、失格ね。

○悲しい顔をしても、悲しい曲は弾けません 152
○子どもたちはときに、大人よりもずっといい聴衆なの 155
○弟子みんなに同じように教えているのに、それぞれが個性的 157
○ベートーヴェンの鼻にコブをつけてはいけません 159
○日本の教育ママの固い頭をたたき壊さなきゃ! 160
○コンクールに通るための練習だけをしていたら、才能は打ち止め 162
○常に自分の意志をもっていることが大事 164
○日本人の聴衆の自信のなさ 165

第8章 なにもかもゼロにして、死ぬつもり。うまくいくかしら。

○人に物を頼んで、うまくいかずにイライラしない秘訣 170
○冠婚葬祭の本を出すならば、秘かに書きたいことがあります 171
○95歳をめいっぱい生きなければ、96歳になれません 172
○口に合わないものを勧められたとき 174
○リサイタルの翌日に大転倒 175
○ハイドンの1曲の極意を3時間かけて弟子に伝授 177
○音楽家とは忘れられる存在です 179
○いよいよ身体が動かなくなったら老人ホーム 180
○思い出の整理は、そう簡単にはできません 182
○神さま、もう少し私をこの世に置いてください 183

文庫版あとがき 186

第1章

やりたいことをやり、食べたいものを食べる。これが人生の贅沢ね。

90歳を目前に新居を建築。何年、住めるかなんて考えません。最後の贅沢です。

毎朝、東の窓から射《さ》し込む朝日で目が覚めます。朝の光って本当にきれい。そして、窓の外を眺めると空がパーッと開けていて、ああ、気持ちがいい。

こんなとき、家を新築してよかったと思います。

２０１０年11月、90歳になるのを目前にして新居が完成しました。それまで住んでいた家は築80年の木造で、あちらこちらにがたがきていたんです。部屋数が多く、何年も使っていない〝開かずの間〟もいくつかあって、マネジャーがチェックしたら「床が抜けている部屋が3部屋もある」という老朽ぶり。

格別、新しい家がほしかったわけでもないのですが、よく知る方が、「震度3の地震がきたら、たんすが倒れて潰《つぶ》されちゃうわよ」と脅かすので、それもそうだなと思いました。

引っ越しも考えたのですが、グランドピアノが2台入る家というのはめったになく、それなら家を建てようということになったんです。

「90歳になろうというときに、よく決断されましたね」ともいわれますが、「あと何年、住めるかしら」などとは考えませんでした。これも最後の贅沢《ぜいたく》ね、という感じ。きっと私には「ふつうの90歳はこう」といった常識がないのね。

だからいつもケ・セラ・セラ。

新居に引っ越してから3か月後に東日本大震災がおこったので、みなさんからは「滑り込みセーフでしたね」といわれました。確かに、以前の家だったら、どうなっていたかしら。それを考えると、ちょっとドキッとします。

老人は平屋暮らし…は、つまらない。新築の際に出したリクエストは「2階で寝たい」。

家を建てる際、「グランドピアノが2台入る」ということ以外、設計士さんにはほとんどリクエストをしませんでした。というか、じつのところ、図面を見てもよくわからなかったのね。

ただし、もうひとつお願いしたのは、「私、2階で寝たいわ」ということでした。

「お年をめした方の多くは、移動がラクな平屋を希望されますよ」といわれましたが、いえいえ、私はぜひとも2階で寝たかったのです。

というのも、うちの両親は、関東大震災を経験しているので、昭和5（1930）年に家を建てるときに「二階屋だと、1階が潰《つぶ》れて恐ろしい」ということで平屋にし、「瓦《かわら》も落ちると危ないから」と屋根はスレート（粘板岩でできた薄い板）にしたんですね。

とてもいいスレートだったのですが、10年くらいすると強風などで板がずれて雨もりがする。そこで、私がはしごで屋根に登っては、ずれを直したりしていました。あら、私ってお転婆かしら……。

そんなとき、屋根に登ると空気はいいし、景色はいいし、「私、死ぬまでに一度でいいから、2階で寝たいわ」と思っていたんです。だから今回、ぜひ、その夢を実現させたくて、寝室は2階にしてもらいました。

設計士さんはいろいろ気を遣って、2階に上がるためのエレベーターを設置し

車椅子になっても大丈夫なように大きめのエレベーターを設置。

たり、2階にもトイレを設置してくれたり。そのほかにも「ゆくゆく車椅子《くるまいす》になったときにも便利なように」と家じゅうの床の段差をなくし、トイレや洗面所は広めにしたりしてくれたんです。

最初の数年は、歩いて階段を上がったほうが早くて、エレベーターはめったに使わなかったんですよ。でも、ここ最近は、エレベーターがあってよかったと思っています。さすが設計士さん、先を見越していたんですね。

私を一気に2階へと運んでくれる魔法の箱のおかげで、上階との行き来が苦になることもなく、日々、朝日が射し込む部屋での寝起きを楽しんでいます。

「家が若返ったら、室井さんも若返ったね」といわれるの。本当にそんな気がするわ。

新しい家になったら、台所のガス台やバスルームの給湯の使い方などが変わったので、周囲の人たちは「当面、誰かが泊まり込まないと、老人には使いこなせないのでは」と心配しました。

そんなものかしら……と思いつつ、ひと晩、知人に泊まってもらったのですが、今の機械ってそんなに使い方は難しくないのね。それに、私はずっと独り暮らしなのでひとりでも不安はないし、そのほうがかえって気楽。泊まっていただいたのはひと晩かぎりで、あとは自分でなんとかできました。

それに、なにもかもが新品ピカピカってわくわくします。家が新しくなったら私の気分まで一新されて、なんだか一段と元気が湧《わ》いたんです。

「環境が人をつくる」って本当ね。

周囲からも、「家が若返ったら、室井さんも若返ったね」といわれています。私もそんな気がするわ。

ピアノを弾いているか、食べているか、寝ているか。リサイタル前の生活は、そんな感じです。

さて、新築した家で私が日々、どんなふうに暮らしているかというと……。

今でも年に数回、リサイタルを行っています。

リサイタルの日と演奏曲が決まると、1年ほど前から日にちを逆算して、「楽譜のこのあたりまでをいついつまでに仕上げる」と自分でプランを立てます。

19　やりたいことをやり、食べたいものを食べる。これが人生の贅沢ね。

そして、リサイタル直前には1日8時間ほどピアノに向かうのが常。リサイタル前の1日のタイムスケジュールはざっとこんな感じです。

7時　起床。朝食の仕度。
7時半　朝食。
8時～9時　新聞を読んだり執筆。
9時～12時　ピアノの練習。
12時～13時　昼食の仕度。昼食。
13時～15時　昼寝。
15時～16時　買い物や家事。
16時～18時　ピアノの練習。
18時～19時　夕食の仕度。夕食。
19時～22時半　ピアノの練習。
22時半　入浴など。
23時　就寝。

ご覧の通り、ピアノを弾いているか、食べているか、寝ているか。ほかの方のことはよく知りませんが、96歳現役ピアニストの生活なんて、こんな感じなんですよ。

1日8時間もピアノに向かって何をやっているかというと…じつは探し物をしているんです。

私たちピアニストの役割は、バッハやベートーヴェン、シューベルトやショパンといった作曲家が音楽を通して伝えようとした〝何か〟を楽譜から読み取って、それを聴く人に伝えること。

リサイタル前に1日8時間もピアノに向かって何をしているかというと、穴が開くほど楽譜を見つめて、その〝何か〟を探しているのです。

たった1小節を確認するのに、いえ、たったひとつの音の響きを確認するのに1日を費やすこともあります。

友人がよく、「あなたはそんなふうに研究をするけれど、聴く人はそんなことまでわからないわよ」というのですが、とんでもない！

そこまで掘り下げないと人に感銘を与えられない。これは間違いありません。厳しい世界ですが、それに耐えていくことは、ピアニストという因果な仕事を選んだからには避けられない〝一生涯の覚悟〟のようなものです。

たったひとつの音に背中がぞくっとする瞬間も。その快感がくせになって、またピアノに向かいます。

ピアノだけはまじめ、ほかのことはいい加減な生活。

それでも、ピアノのレッスンに気分が乗らない日はあります。

そんな日は、〝ピアノに向かわない罪悪感〟にふたをし（やはり何かしらの罪悪感があるのです）、寝たり、本を読んだり、気分転換をします。そういうときにピアノに向かっても、実際のところ、何も進歩がないことを長年の経験で知っていますから。

とはいえ、リサイタルの日は決まっているので、当日までには必ず納得のいくものに仕上げる。それがプロ根性というものでしょうか。

「90年もピアノを弾いていて、よく飽きないわね」ともいわれますが、自分でも不思議なくらい、飽きないですね。

だって、今でも楽譜のなかに発見があるんですもの。

作曲家とは本当に音楽をよく知っていて、部分部分に細かい宝石をちりばめながら大きな曲の流れをつくり出しています。

ちょっと見る角度を変えたりすると、「あらっ、こんな宝石が隠されていた！」と今まで気づかなかった発見があって、飽きる暇がないのです。

それがたとえ、ショパンの『雨だれ』のように、構成が比較的簡単でポピュラーな、新しいことなど発見しようがないほど知りつくされた曲であっても、隠された宝石はあるんですよ。だから、どんなに見慣れた楽譜を読むときも、ちょっとの油断も許されません。

1日8時間の練習は長いようで、宝探しをしているうちにあっという間に過ぎてしまうこともしばしば。でも、探し物がなかなか見つからずに四苦八苦することも、これまたしばしば。

難渋するときもありますが、たったひとつの音に背中がぞくっとするような瞬間がある。そんなときは弾くのを止《や》めて、「どうしてこんな美しいものを創造できるのだろう」と、今、自分が出した音の後味に浸り込んだりもします。そして、人間のできることのすばらしさに感嘆の思いを募らせます。

その甘露の味わいが、私をまたピアノに向かわせる。それは、くせになる感動なんですよ。

身体がおっしゃるままに、好きなものを食べる。「体調リベラリズム」がいいようです。

ピアノを弾いているか、食べているか、寝ているかの生活。

だから、〝食〟は私にとってピアノに次ぐ関心事であり、重大事。週に2、3回はお買い物に行き、食事は三度三度、自分でつくっています。

ただし！　みなさんは「長寿を目指して、きっと何か身体《からだ》にいいものを食べているにちがいない」とお思いのようですが、がっかりさせてごめんなさい。

自然発生的には96歳ですが、気持ち的には年齢不詳。私自身は年のことなんてちっとも考えていないので、「健康にいい」とか「身体にいい」とか、なにも気を遣っていないんです。

それどころか、検査をすると中性脂肪がかなり高いらしいのですが、「別に血圧が高いわけでもないから平気だわ〜」と思って、食事を変えたりもしていないんですよ。

お医者さまは渋い顔をなさっていますけれどね。

自分の身体に「あなた、何が食べたい？」と聞いて、身体がおっしゃるままに、好きなものを好きなときに食べるのが私流。

大正10（1921）年生まれで、大正リベラリズム（自由主義）のなかで育った私には、「体調リベラリズム」が合っているみたいです。

おいしいパンを買いに行くときは、ちゃっかり〝老人の恩恵〟にあずかります。

さて、ある1週間の私の食事をメモしてみたのが、次のページの表です。

基本的には3食きちんと食べますが、土曜日の昼食のように「あまり食欲がないわ」というときは、いちごミルク（いちごを潰して牛乳をかける）だけ……などということも。これが「体調リベラリズム」です。

比較的、毎々、同じものを食べているのは朝食かしら。

目覚めるとまずはコーヒーを飲んで、朝はパン食です。

パンは、日本のふわふわのトーストパンは好みではなく、フランスの老舗《しにせ》食品ブラ

室井摩耶子の「わがまま献立表」

	朝食	昼食	夕食	間食
月	コーヒー、牛乳、トースト、牛タンのくん製、トマトとキウリのサラダ	北海道の氷下魚一夜干し(いただきもの)2尾、キウリ、おつけもの、トーフと若布のおみおつけ、ごはん	ハーブ三元豚の卵とじ丼、貝柱とそら豆の白和え、果物(晩白柚)	
火	コーヒー、牛乳、トースト、はちみつ、ソーセージ、トマトのサラダ、果物(みかん、ぶどう)	ししゃも3尾、納豆、梅干し(紀州福つつみ)、おみおつけ、ごはん	タンカレー(仙台みやげ)	干柿(岡山産)でも甘いものあまり欲しくない
水	コーヒー、牛乳、フレンチトースト(一切れ)、ソーセージ、ヨーグルト、はちみつ	かきフライ、もずく三杯酢、ごはん	鶏鍋(鶏肉、トーフ、ネギ、しいたけ、白タキ)、昆布巻、おつけもの、ごはん	
木	コーヒー、牛乳、カモハム、生チーズ(ブルサン)、野菜サラダ、ヨーグルト、はちみつ	肉うどん、めかぶ	塩鮭、まぜごはん(山菜おこわ)、塩トマト、おみおつけ	
金	コーヒー、牛乳、おかしパン、はちみつ	(昨日の残りものの)まぜごはん(おむすび)、オイキムチ、コンニャクピリ辛煮	ヒレステーキ、オクラのおひたし、たまねぎの炒めもの、ごはん、果物(晩白柚、ポンカン)	
土	コーヒー、牛乳、カモハム、ソーセージ、生チーズ、野菜サラダ(トマト、ジャガ、キウリ)	いちごミルク	肉オムレツ、菜の花辛子和え、岩のり、ごはん、果物(ポンカン)、食後にちぎり餅	
日	コーヒー、牛乳、めだまやき、野菜サラダ、ヨーグルト、はちみつ	(昨日の残りものの)肉オムレツ、納豆ごはん、果物(ポンカン)	カツ丼、野菜の煮つけ、オリーヴ油づけ、メンマ、果物(いちご、みかん)	

ンド〝フォション〟のどっしり重めのパンが好きですね。私が住んでいる成城にはお店がないので、時間と体調の都合がつくときには、二子玉川にある髙島屋に入っているお店に買いに行きます。

日ごろは自称「年齢不詳」でも、こういうときはちゃっかりシルバーパスを使って無料でバスに乗り、〝老人の恩恵〟にあずかるの。

そんなときは、パンを多めに買い込んで、スライスして冷凍しておくんですよ。

そのパンをトーストしてバターを塗って、巣蜜《すみつ》をちょこっと乗せる。マーガリンはおいしくないので使いません。

巣蜜を食べているといったら、「ミツバチの巣というのは、はちみつを最も自然に近い状態で食べられて、アミノ酸や酵素が豊富ですごく身体にいいんですよ」と説明してくれる方がいましたが、あら、そうなの？　私はただ、おいしいから食べているのですが……。

そのほか、ハムかソーセージ、ときには牛タンなどの肉系はほぼ毎日。これは、たいてい欠かしません。

チーズはフレッシュタイプのブルサンや、白カビタイプのカマンベールが好きです。

そして、10年以上、たいせつに育てている（？）ヨーグルトも。

できあがったヨーグルトを少し残しておき、その〝お友だち〟に菌を足すとまた新たなヨーグルトができる。これも朝の定番ね。

ピアノに必要なのは、気力、体力、集中力。週に6日は〝肉〟の「肉食女子」です。

私は自分のことを「肉食人種の長寿族」といっているのですが、改めて1週間の自分の献立表を見てみても、朝食に何かしらの肉を食べ、夕食も肉を食べている日が多いですね。そう、正真正銘の〝肉食女子〟です。

明治生まれの母の手料理で育ったので、子どものころはとくに肉食ということもなかったのですが、ドイツで暮らし始めたころからお肉をよく食べるようになりました。ドイツはお肉がおいしいんです。

そして、リサイタル前に1日8時間ピアノを弾くには並々ならぬ気力、体力、集中力が必要ですが、それにはやはり〝お肉〟でないとダメなの。

さっぱりとした日本食を食べて練習をしていると、1時間くらいで集中力が切れてきて、「ああ、あそこが散らかっていたから片付けなきゃ」とか、「あの手紙をまだ書いていなかったな」と雑念が湧いてきて気が散り、練習に身が入らなくなります。ところが、お肉を食べていると、だいたい3、4時間はもつ。それが自分の体験としてわかるので、今流行《はや》りの〝草食系〟ではとてもとてもダメです。

そして、リサイタル当日は、ドイツに住んでいるころは朝から上質な牛の生肉のタルタルステーキを100グラム、パーッと食べていました。これがエネルギーになるんです。日本では残念ながら生食用の肉は手に入らないので、上質なヒレ肉を焼いて食べて、集中力をもたせます。

これも体験的にわかったことなのですが、お肉の値段の差による効果の出方はてきめんで、値段が高いほうが集中力の持続がいいんですよ。

豚肉よりは牛肉。牛肉ならばどれも同じかというと、そうではなく、上等なヒレ肉と格安のスープ用肉では補給してくれるエネルギーがまるで違うの。まさに、値段とパワーは正比例。

だから、このときばかりは「エネルギーを買っているようなもの。必要経費、必要経費」と唱えて、いいお肉を買うんです。

「調理時間は30分」がマイルール。おいしければ、市販のお総菜や簡易だしも使うのよ。

夕食のお肉のつけ合わせは、サラダが多いかしら。サラダ油、レモンの絞り汁、塩でつくる自家製ドレッシングをかけていただきます。

別に〝生の野菜〟にこだわっているわけではなく、サラダならばパパッとできるでしょう？　というのも、料理は好きなのですが、「調理時間は30分」と決めているんです。その分、ピアノの練習をしたいから。

年齢とともに調理もペースダウンして、以前のように何品もパパッとできないので、お総菜を買って来ちゃうこともあるんですよ。ただ、何でもいいわけではなく、一度、買ってみてまずかったら、そのお店では二度と買いません。

常備菜をつくっておくという手もありますが、同じものを何日も食べたくないのね。そうはいっても、昼食はたいてい前の日の残りもので、ちょっとがっかりなんです。その点、小パック入りのお総菜は食べ切れて便利です。

ほかにも、最近、「おいしい＋便利」で使っているのが市販のだし。以前はだしも自分でとっていましたが、市販の煮出すタイプのパックだしで口に合うものを見つけたので、もっぱらそれに頼っています。

数日の絶食のあとにお肉を食べたら、それまでフワフワしていたのに、階段もトントントンッ！

先日、胃の具合が悪く、身体が「食べたくない」というので数日、絶食したんです。「えっ、絶食なんて危ないことを！」とマネジャーにはしかられましたが、これも「体調リベラリズム」。私ってきっと野生動物に近いのね。動物って食欲がなければ食べないでしょう？　それに、脱水にならないよう、水分だけはちゃんと摂《と》っていましたから。

さて、ようやく食欲が出てきたとき、何を食べようかしらと考えました。

以前、同じように絶食したあとに「お肉が食べたいわ」と牛肉を焼いて食べたら、それまで身体がフワフワしていたのに、階段をトントントンッと上がれてビックリしたんですよ。お肉のパワーってすごいわね。

でも、その話を知人にしたら、「空《す》きっ腹にいきなり肉なんてとんでもない」といわれたので、今回はおりこうさんにして、お粥《かゆ》からスタートしました。

ところが！　自分でお粥を炊かず、手抜きをしてレトルトのお粥を食べたらまずくて……。

日ごろから、化学調味料や混ぜ物が入った食品はできるだけ避け、レトルト食品や缶詰もほとんど食べないのに、大失敗でした。

揚げ物はめんどうだからしたくない。それでも「食べたい気持ち」に負けて夏につくる料理があるの。

揚げ物は、油の処理とかがめんどうくさくて、めったにしなくなりました。カツ丼が食べたいときは、市販のカツを買って来て、卵でとじてごはんにのせてつくります。

それでも夏になると、どうしても「食べたい気持ち」が抑えられず、よくつくるのがトウモロコシの天ぷらです。トウモロコシの実を軸からナイフでそぎ落とし、かき揚げのように衣をつけて揚げるのですが、これがおいしくて、私の大好物。

これればかりは市販品がないので、トウモロコシが売られている夏の間、しょっちゅう自分でつくります。要するに、食い意地がはっているの。

そのほか、時間に余裕があるときに気合いを入れてつくる得意料理は肉ちまき。もち米に肉、しいたけ、たけのこを入れて竹の皮で包み、蒸すんですよ。

これは、人を招いたときなどにつくると好評なの。ただし、ドイツでは竹の皮が手に入らず、なかなかつくれなかったけれど。

あとは、鯖寿司《さばずし》も結構、おいしくできますよ。「肉食人種の長寿族」とはいえ、お魚料理もつくれるんです。

そうそう、ドイツではクリスマスのとき、鯉《こい》を塩ゆでした〝カルプフェン・ブラウ〟という料理を食べるのね。ドイツ時代はそんな料理もつくりましたっけ。鯉一匹を丸のままゆでる大きな楕円形のお鍋まであるんですよ。

気が向いてつくった料理がおいしくできたら、ああ、ご機嫌。

自分のお誕生日には、自分でお赤飯を炊いてお祝いをするのよ。

〝食〟って、身体だけでなく、心も満たされるからいいわね。

お気に入りのおやつといえば、
「甘いもの」よりは「ソーセージや酢昆布」です。

お酒はそもそも飲めないので飲みません。

ドイツに住んでいるころ、会食といえば食前酒から始まるので、お酒を飲めないとまわりの人と歩調が合わず、ちょっと不便でした。

でも、飲めないくせにテイスティングをして銘柄を当てるのは得意で、ワインプロ―ベ（試飲会）に誘われるとワインセラーによく足を運んだりしていたんですよ。

甘いものは好きですが、それでも、うんとは食べられないのね。おいしいお羊羹《ようかん》なら一切れ。二切れはいらない……という感じです。それよりもお気に入りの間食はソーセージ。なにせ肉食女子ですから。

あとは昆布好きで、おやつに酢昆布なんていいですね。そして、昆布茶もよく飲みます。えっ、渋好みかしら？

飲み物で、夏になると常備しておくのがオリジナルのレモンティー。

紅茶にたっぷりのレモンの絞り汁と少しばかりのはちみつを入れたものを1リットルほどつくって冷蔵庫に入れておき、のどが渇いたらちょくちょく飲みます。これが私の栄養ドリンク。サプリメントは一切、のみません。

いくつになっても食いしん坊だから、食の〝恨み〟や〝悩み〟があるんですよ。

昔から、中華料理店で円卓を囲んだときなど「室井さんの隣に座ると、料理がどんどんなくなっちゃうから嫌だわ」なんていわれるほど大食漢。さすがに最近はそれほどの〝大食い〟ではありませんが、〝食いしん坊〟ならではの、食の恨みや悩みがあります。

この前は、「あのお店の釜飯《かまめし》が食べたいから、出前がとりたいわ」と思ったのですが、さすがに一人前じゃ悪いわね……と断念しました。独り暮らしって、こういうときは不便ね。

だから先日、夕方に来客があったときに「ねえ、釜飯を召し上がっていかない？」とお誘いして、恨みをはらしたんですよ。

ほかにも、食にまつわる悩みといえば、年をとると料理が下手になること。味覚が鈍くなるのか、料理の味つけがピタッと決まらないんです。

それならいっそのこと、食べるときも味に鈍感ならばいいのですが、そうはいかないのね。

自分でつくった味つけが曖昧《あいまい》な料理を食べると、「あら、今ひとつだわ」と思う。味つけのときは鈍いのに、味わうときは鈍くないなんて、うまくいかないわね。

街からキンモクセイが消えた？いえいえ、それは〝花の問題〟ではなく〝鼻の問題〟。

鈍くなったといえば、こんな話もあります。

成城って、キンモクセイが多い街なんです。

成城学園のクラス会で同級生が集まったとき、「昔はキンモクセイがよく香っていたのに、このごろは匂《にお》わないわね。花が少なくなっちゃったのかしら」という話になったんです。

でも、それは〝花〟の問題ではなく、われわれの〝鼻〟の問題だということが判明して、みんなで大笑い。

要するに、花は昔同様に咲いているのに、私たちの鼻が鈍くなっちゃったわけね。

まあ、目も、舌も、鼻も、長年使っていますから、仕方がないわね。

でも、鈍くなろうが何だろうが、私は香りが好きで、自宅のリビングではお香を焚《た》いたり、アロマポットを使ったりしています。

ベルリンの大通りのひとつに〝ウンター・デン・リンデン〟という菩提樹《ぼだいじゅ》の並木道があって、ドイツに住んでいるころ、この道を歩きながらよく、菩提樹の香りに浸っていたんです。

それが懐かしくて、「リンデンバウム（西洋菩提樹）」というアロマを焚《た》くんですよ。キンモクセイの香りは学生時代を思い出させ、菩提樹の香りはドイツ時代を思い出させる。

香りと記憶は結びついていますね。そう、ちょっと嗅覚《きゅうかく》が鈍くなっても。

第2章

〝老い〟にあらがわない。でも、甘えない。それが私流。

こき使っている手もいまだによく働いてくれます。でも、「覚える」能力は確実に衰えてきたわね。

90代の半ばを超えても、体力がもたなくて練習ができない、ということはおかげさまで、まだありません。

これも親からもらった身体《からだ》のおかげ、神さまからいただいたお恵みですね。

以前は、運動という運動もしていませんでしたが、今はケアマネジャーさんの勧めで週2回、デイケアに通っています。

2時間、体操をしたり、室内で自転車をこいだり、体を動かすんです。送迎付きで、いい気分転換にもなるわね。

朝9時に出かけて、12時に帰ってくると、ひと仕事終えた気分になって、あとは家でのんびり過ごします。

やはり運動をすると身体の調子もいいみたい。この分だと200歳まで生きちゃうかもしれないわ。

ただし、リサイタルの前はこのデイケアもお休みして、ピアノの練習に専念します。

手もこき使っているのに、今でもよく働いてくれます。だから、しょっちゅう「よくやってくれているわね、あなたは」といいながら、いい子、いい子となでてあげるんですよ。

ただ、「覚える」という能力はやはり年齢とともに確実に衰えているのを感じます。楽譜の覚えは確かに悪くなりました。若いころに比べて、倍は時間がかかるのではないかしら。

そして、練習についても若いころは、昨日できたことの上にプラスしていけばよかったのが、今は1日おくとゼロに戻ってしまう。頭も筋肉も忘れてしまうのね。なので、地方でのリサイタルのときなど、前日に現地に入り、うっかり練習をせずに観光などしてしまったら、もう大変。

以前、広島に行ったときに、「せっかくなら宮島へ行ってみましょう」とマネジャーとうきうき観光に出かけてしまい、ホテルに戻ってきてから大慌てで練習したことがあります。

80代まではそんなことはなかったのに……。

マネジャーは相当、冷や汗をかいたようですが、今になってはそれも笑い話です。

「若返る」なんてもったいない。だって、老いてこそ「得たもの」のほうが大きいもの。

老いについて嘆こうと思えば、いっぱいネタはありますが、嘆いてみたところでどうなるわけでもナシ。あるがままを受け入れて、「それならどうする?」と考えます。「楽譜が覚えられなくなったから」と引退するピアニストもいるけれど、私なら「暗譜に不安があるのならば、譜面を置けばいいわ」と思うの。

リサイタルのときに譜面を置くことに対してプライドが許さない人もいるでしょうけれど、「譜面を置く、置かない」は、私にとっては大きな問題ではないのね。それよりも、何を表現するかが大事だと思うから(でもね、老眼鏡は置かないのよ。これはちょっとした意地ね)。

そうそう、82歳で亡くなるまで旺盛《おうせい》に活躍をした旧ソビエト連邦のピアニスト、リヒテルも晩年はリサイタルのときに譜面を置いていたんですよ。

もし今、「若いころに戻りたいですか?」と聞かれたら、答えは「いいえ」。これは決して強がりではなく、若くなんかなりたくはありません。

それは、今にいたるまでに積んできたものの貴重さ、それが表現者にとってどれだけ大切かをしみじみ感じているからです。

世の中では今、「アンチエイジング・ブーム」とかいうそうですが、なんで若返りたいのか、私にはよくわからないのよ。だって、「あのころは何も知らなかったじゃない?」って思うもの。

とはいえ、日本は〝若さ〟に価値を置きがちですし、確かに〝若さ〟に価値はあると思います。人様のことは人様のことなので、1歳でも若返りたいという方は、それはそれでいいんじゃない?

ただ、私はヨーロッパで活動しているころ、いわゆる「老年期」に入った音楽家たちが、毎年見事な変化と発展を見せる姿を目の当たりにしてきました。余分なものが取りのぞかれ、洗練された老練な表現力に魅せられたこともたびたびです。

私自身、年齢とともに「得たもの」と「失ったもの」を比べれば、「得たもの」のほうがずっと大きい。

〝老いてこそ〟得たものを表現していかなければもったいない。

そして、まだまだピアノにはわからないことがいっぱいあるから、今の蓄積の上に、さらに少しずつ積み重ねていきたい。

2年、3年、先を目指して……とは考えていません。

1日、1日、大切に生き、1音、1音、愛《いつく》しんで過ごしています。

同じ曲でも、10年前の演奏と今とでは違います。
楽譜は変わらなくても、私の〝ずだ袋〟が変わるから。

ベートーヴェンは、自分の表現したいことを全部、楽譜に詰め込んでいます。逆のいい方をすれば、楽譜のなかにしかベートーヴェンはいない。それは、ほかの作曲家も同じです。

クラシック音楽の場合、その楽譜は作曲されて以来、印刷されてしまえばもう変わりようがないわけですが、それでも演奏家によって曲の印象は変わり、また、同じ演奏家でも年代によって表現が変わります。私にしても、10年前の演奏と今とでは違う。それは、楽譜は同じでも、弾く私自身が変わっているからです。

私はよく「人生の悲喜こもごも、喜怒哀楽、体験したことは全部、ずだ袋のなかに入れる」という話をします。

「ずだ袋」といってもお若い方はわからないかもしれませんね。この前、「リュックサックみたいに背負う袋ですか？」と聞かれましたから。

「ずだ袋」とは僧侶《そうりょ》が首から提げ、行脚をしながらお布施でいただいたお米やら食べ物を入れておく袋です。その中身は、僧侶の血となり肉となっていきます。

私も、人生からいただいた経験を「ずだ袋」に入れています。すると、それがときに熟成、発酵して、私を豊かにし、育て、いろいろなことを教えてくれるのですよ。

たとえば、「元気でいてほしい」という思いを誰かに伝えるとき、はっきりと「元気でいてください！」ということもできるし、そっと「気をつけてね」ともいえますよね。ピアノの表現も同じなの。

そんないろいろな思想の深さというものを、「ずだ袋」が授けてくれる。10年前と今とでは「ずだ袋」の中身の濃さも変わり、だからピアノの表現も変わって当然なのです。

私が「若返りたいなんて思わない」というのは、若いころの「ずだ袋」は今に比べてすかすかだったから。

天才ピアニストなら「ずだ袋」なんて不要でしょうが、凡人の私には90年以上生きてこなければわからないことがいっぱいあります。

そう、自分で納得できるベートーヴェンのピアノ・ソナタ『熱情』が弾けるまでに90年かかりました。

ピアノを弾かない方でも、たとえば同じ小説を読み返して、以前、読んだときと印象が変わったり、若いときには気づかなかったことに思いいたったりする経験ってあるでしょう？　そして、年を重ねてから味わいのある詩や小説を書かれる方もいらっしゃいますよね。

私自身、これからも「ずだ袋」の濃度が増していくと、楽譜からまたどんな世界が読み取れるのかと思うと、うかうか死んでなんかいられないんですよ。


寝ぼけまなこにはアイライン。ぺちゃんこ頭は帽子で「髪隠し」。これで万事ＯＫね。


あるがままの自分を受け入れる。

そうはいっても、老醜をさらしたいとは思いません。

先日も友人と「人間の顔をしているうちに、この世を去りたいわね」と話したんですよ。そう、妖怪《ようかい》のようにならないうちにね。

それに、年をとったからどうでもいい……と〝老い〟に甘えちゃうのはどうかしら。やはり身だしなみは大事だと思っています。

若いころはほとんどメイクをしなかったので、リサイタルのときなどによく母から「ほかのみなさんはお化粧をしてお顔が白いのに、あなただけ色が黒いわね」と注意されたものでした。

でも、年を重ねるうちに顔の造作や輪郭もぼんやりしてくるので、今は家から一歩でも出るときはメイクをします。とくにアイラインは必須ね。アイラインをしないとなんだか寝ぼけた顔になってしまうんです。

髪も染めていますよ。いっそのこと全部が真っ白、見事な白髪ならばそれも素敵だと思いますが、半端なまだらはちょっとね。

髪のボリュームも減ってくるので、人前に出たり、人様とお会いするときは美容院に行って、ふんわりとブローしてもらいます。

自分ではそううまくブローできないので、普段、お買い物に行くときなど、髪がぺちゃんこだったら帽子を着用。私は秘《ひそ》かに「髪隠し」と呼んでいるのですが、帽子って便利ね。夏はつばの広い麦わら帽子、冬は暖かいニットやカシミアの帽子を愛用しています。ベレー帽も大好きで、その時々のスタイルでかぶっているの。

〝老いに甘えない〟というのは、私のちょっとした美意識。身ぎれいにしているほうが、人も自分も気持ちがいいですね。

20代はスカーレット・オハラのような〝縦巻き〟の髪型。そのために使ったのはなんと掃除道具⁉

髪といえば、上野の東京音楽学校（現・東京藝術大学）で教師をしていた20代、私は髪を縦巻きにしていたんですよ。

当時は、縦巻きにしている人などいなくて、私くらい。子どものころから「他人と同じではつまらない」というタチだった私は大いに個性を発揮していたわけです。

今も当時の写真が何枚か残っているのですが、それを見た人は、「『風と共に去りぬ』のスカーレット・オハラの髪型とそっくり。真似《まね》したんですか？」といいます。

でも、『風と共に去りぬ』の映画が日本で初上映されたのは、昭和27（1952）年。私が縦巻きにしていたのはそれより前で、私のほうが先なんですよ。

ほかに縦巻きにしている人がいないので、自分なりの工夫は必要で、私があみ出した方法がちょっと傑作なんです。

まずは、カーラー5、6本に髪を巻きつけて、髪を〝内巻き〟にしておくのね。その後、長い棒に髪を巻きつけて〝縦巻き〟にするのですが……。

その長い棒としてピッタリだったのが、はたきの柄だったんです。

きっちりカールした髪型がトレードマークだったので、
友人からは〝縦巻きのまやちゃん〟といわれていました。

そうそう、掃除道具のはたき。太さといい、長さといい、髪がちょうどきれいな縦巻きになるの。

まさかはたきがこんなふうに使えるとは、自分ながら大発見！

でも、髪を巻いている姿は、人様には見せられませんでしたけど。

人と同じものは着たくない〝アンチ流行派〟。50年前のケープが活躍したり…私って、物もちがいいのね。

ファッションに関しては、〝アンチ流行派〟です。

流行《はや》っているものを着たいとは思いません。要するに、今も昔も「人と同じ」には興味がないのね。

自分の食べたいものを食べたいときに食べるように、自分の着たいものを着たいときに着ます。

物もちがいいので、もうウン十年も着ているものも多いんですよ。

以前にも昔のお弟子さんに驚かれました。彼女は私の6歳年下で、当時、86歳。

「あなたのお母さんが昔、私にケープを編んでくれたでしょ。それを着たら暖かくて、今、あなたのことを思い出して電話をしたの」

「先生、物もちがいいですね。あれって50年前ですよ」

「あら、もうそんなに経《た》つかしら」

といった具合です。

ただ、服を選ぶときに考えることがあるとすれば、色遣《づか》いですね。

淡い色の服ならば、濃いめの色のスカーフでアクセントをつけたり。柄物のシャツだったら、その柄のなかの1色に合わせたケープを羽織ったり。今どきの言葉でいったら、カラー・コーディネートというのかしら。

やはり色遣いがきれいなほうが、気分が晴れやかになりますね。

アクセサリーも結構、好きです。

繊細な感じのものよりは、大ぶりのネックレスなどをよく身につけるかしら。ピアノを弾くときには指輪はつけませんが、それ以外のときは指輪を2つくらいつけるときもあります。これも気分次第ね。

それこそ、宝石の名前や価値にも無頓着《むとんちゃく》で、アクセサリーのなかには宝石もあれば、木の実をつなげたようなネックレスもあって千差万別。母が使っていたアメジストの帯留めを、指輪に変えて使ったりもしています。

誕生石はダイヤモンドですが、だからといってダイヤモンドには興味はないし。一貫しているのは、自分が「好きかどうか」ね。

足元が不安になったらローヒール。それでもエナメルならばおしゃれに見えます。

末端冷え症、というんですか？　女性には手足が冷える人が多いそうですが、私は一年中、手も足もポカポカ。冬でも裸足《はだし》で平気なんですよ。だから下駄も好きで、庭に出るときなどはよく履きます。

靴は、80歳くらいまで高いヒールを履いていました。リサイタルのときは、10センチヒールくらいだったかしら。

でも、さすがに足元を気遣って、今ではローヒールです。高くても3、4センチがリミットね。ただし、きちんとしたいときには、ヒールは低くても、素材はエナメルのものにして、正装のような感じにします。

リサイタルのときの靴は金色と決めているので、必ず金色のローヒールにしています。

そもそも私は身長も150センチそこそこで高くないし、最近はヒールも低いのですが、舞台の上ではどうも大きく見えるらしいのね。実際にお会いすると、「意外と小柄なんですね」と驚かれます。

大きく見えるなら、無理して高いヒールを履かなくても大丈夫だわ、なんて思っているんです。

寝る子は育って96歳。でも、最近は「夜中の定期便」がやってくるの。

「年をとると寝られなくなりませんか」と聞かれますが、ところがどうして、私は本当によく寝ます。「寝る子は育つ」という言葉通り、96歳まですくすく育っている健康優良児です。

日々、午後1時から3時までの2時間のお昼寝は必ずね。お昼寝をすると調子がいいんだか、悪いんだかはよくわからないのだけど、とにかく習慣になっちゃっているんです。

ヨーロッパに住んでいたころ、午後の1時から4時までというのは、みなさん、お昼寝をしたり静かに過ごしていました。その間、ピアノの練習はできないので、それなら私もお昼寝を……と、以来、習慣になったんです。

特別な寝方をするわけではなく、居間のソファで普段着のままぐっすり。だから、この時間帯の来客はたいていお断りしているんですよ。

夜はだいたい11時にベッドに入って、バタンキュー。

ちょっと本でも読もうかしら……と思っても、寝付きがよくて、あっという間に熟睡。夢もほとんど見ないんですよ。これは特技ね。

でも、最近は「夜中の定期便」がやってくる。

そう、夜中に一度、トイレに起きるんです。毎晩、ふと目が覚め、「あら、夜中の定期便？」「何時かしら」「あっ、3時半ね」という感じ。

寝室のある2階にもトイレが設置してあるのですが、今の洋式トイレって頭がいいのね。近くに立つと、自然とふたが開く。新築のときに設計士さんが親切に選んでくださったんですよ。だから、夜中にトイレに行っても、「ようこそ」とふたを開けてちゃんと出迎えてくれます。

最近、これに慣れてしまって、外出先でトイレに行ったときなど、ふたが開くのを待って、たたずんでしまうこともあるんです。

「温泉でゆっくり」なんてごめんです。お風呂はパパッと〝カラスの行水〟なんですよ。

「たまには温泉にでも行って、ゆっくりなさればいいのに」などといわれますが、じつは私、温泉は嫌いなんです。だいたいお風呂《ふろ》が好きではないんですね。子どものころ母に「10を数える間、湯船でじっとしていなさい」といわれるのが苦痛で、苦痛で。そのまま大人になりました。

ヨーロッパに住みはじめたころ、ウィーンの下宿に入ったのですが、キッチンやバスは共有だったんですね。向こうでは一年中シャワーで、週に一度だけ、下宿のおばさんが湯船にお湯をはってくれるんです。

でも、お湯をはってくれるのは、親切だからではないんですよ。

大人がひとり、伸び伸びと寝られるような大きなバスタブにお湯を入れるのは水深20センチくらいまでと決めていて、それ以上、勝手にお湯を入れさせないため。大きい声ではいえませんが、要するにケチなのね。

いくらお風呂嫌いといっても、そんなお湯が少ない入浴には慣れていないし、せっかくならば肩まで浸《つ》かりたい。でも、水深20センチではとても無理なので、まずは寝そべって。焼き魚と同じ要領で、表を返して、しばらくしたら裏を返して、半身ずつお湯に浸かっていました。

まあ、ヨーロッパでこんな生活を30年近くしていたので、そもそものお風呂嫌いが助長されて、湯船にゆっくり浸かる習慣はなくなりました。

今でも湯船に浸かるのは一瞬。ザブンと浸かって、身体をササッと洗って、まさに、カラスの行水ね。入浴時間は15分ってところじゃないかしら。そして、疲れている日などはお風呂をパスしてしまうんですよ。

唯一のスキンケア術は、「しわよ、伸びろ〜、伸びろ〜」の呪文。効き目のほどは？

美容やスキンケアに関しても、特別なことはやっていません。

洗顔石けんで顔を洗い、化粧水と乳液をつける。手にはハンドクリームを塗り、湯上がりにはボディクリームを塗る。だいたいそんなものですね。

ずいぶん前にシャネルの化粧品を買ってよかったので、以来、洗顔石けん、基礎化粧品、クリーム関係はシャネルを使い続けています。

部屋にアロマを焚《た》いているように香りは結構好きで、シャネルの化粧品の香りも気に入っているの。

私は結構、一途《いちず》で浮気はしないんですよ。というか、いろいろと試してみるのもめんどうなのね。

美容法といえるかどうかはわからないけれど、顔に乳液を塗りながら「しわよ、伸びろ～、伸びろ～」と呪文《じゅもん》を唱えるんですよ。さて、効き目のほどはどうかしら……。

第3章

三つ子の魂なんとやら。天衣無縫な子どものまま気がつけば96歳？

私が〝規格外〟の人間になったのは、もしかしたら、アインシュタインの影響!?

「室井さんって、〝日本人〟とか、〝世間〟とかいう枠からはみ出しているというか、〝規格外〟ですよね」とたまにいわれます。

規格外? 悪くないお褒《ほ》めの言葉ね。

自分でもたまに「私ってどうやってこんな人間になったのかしら」と思うことがあるんですよ。なので、ちょっと人生を振り返ってみたいと思います。

私は、機械工場を営む父・長平《ちょうへい》、母・繁子《しげこ》の長女として生まれました。

3歳上には兄の長明《ながてる》が、3歳下に妹の登紀子《ときこ》がいましたが、妹は3歳で亡くなったので記憶はほとんどないんですよ。10歳下には弟の明《あきら》がいました。

父は、子どもたちの教育は母に任せていたようでしたね。

「母親」というものは、自分の母しか知りませんし、なかなか客観視できませんが、振り返ってみると、師範学校出の母は自分なりに子育ての哲学をもち、それなりに教育の才能をもった人だったように思います。

母は向学心が旺盛《おうせい》だったようで、私も聞いて驚いたのですが、あの、相対性理論のアインシュタインの日本講演を聞きに行ったんですって。

パソコンで調べてみると（私、パソコンが使えるんですよ）、アインシュタインは大正11（1922）年、私が生まれた翌年に来日。フランスから船に乗り、日本に向から船上でノーベル物理学賞の受賞の知らせを受けたそうです。

日本に到着後は全国各地で講演を行っていたようですが、母は慶應義塾大学で行われた講演を聞きに行ったようです。

学者、学生、市民など2000人の聴衆に5時間におよぶ講演が繰り広げられたそうで、母がどの程度、その講演の内容を理解したかはわかりません。が、それはとにかくとして、田舎出の母が、それも小さな子どもたちを育てている最中に「講演を聞きに行こう」と考えたこと自体がびっくりです。

男尊女卑、女性は家庭を守るもの、という時代でも「大正リベラリズム」の自

1923年、2歳のとき。3歳上の兄と。

由な時代の空気があったのかもしれませんね。

そんな向学心が強く、教育に熱心な母が、私たちきょうだいを小学校から通わせたのが成城学園でした。

「なぜ、どうして？」と常に好奇心がいっぱいで、「人と同じではつまらない」という思いが子どものころから強かった私。その個性をのびのびと羽ばたかせることができたのは、母や成城学園の学校教育のおかげかしら。

三つ子の魂、96歳までも……です。

おもちゃの積み木は白木のドイツ製。赤ちゃん言葉はNGでした。

子どものころのおもちゃは、ドイツ製の積み木でした。

がっちりとした造りで重さがあり、余計な色は一切ついていない白木製。ネジ釘《くぎ》で留めていけば風車までできるドイツ製の組み立て玩具《がんぐ》などでも喜んで遊んでいました。

うまく組み合わせて箱に入れれば一分の隙《すき》もなく、きれいに収まりましたね。

今考えてみると、このおもちゃは、私に「きっちり組み合わせれば何かができあがる」ことを教えてくれ、また、妙な色がついていなかったことで想像力を広げてくれた気がします。

そもそも母は、本物志向というのでしょうか。子ども受けしそうなカラフルな積み木で私の興味を引くというようなことはありませんでした。

言葉遣いにしても、「〇〇でちゅか？」というような赤ちゃん言葉は使わず、幼い私に対しても大人に対するのと同じ話し方をしていましたね。

家族の呼び方も「ちゃん」付けはナシ。私は「摩耶子さん」と呼ばれ、私は家族を「お父さま」「お母さま」「お兄さま」と呼んでいました。

学校では、先生や友だちから「まやちゃん」と呼ばれていましたが……。

そういえば母が、「あなたは小学校に行ったら言葉遣いが悪くなった」と情けながっていましたっけ。小学校に上がる前の幼児のときのほうが、きちんとした言葉遣いをしていたみたいですよ。

ちなみに、私の「摩耶子」という名前の由来はというと……。

私は4月18日生まれなのですが、お釈迦《しやか》さまの誕生が4月8日。お釈迦さまのお母さまの「マーヤー」という名前からいただいたそうです。

独立心が旺盛で、ひとりで電車通学。ところが、おうちがどこかに行っちゃった！

生まれたのは東京・田端です。その後、高田馬場に住んでいるころに小学校に入学しました。

成城学園というのは比較的、裕福で教育熱心な父兄が集まっていて、お付きの人と一緒に登校する子どもも少なくなく、そのお付きが待っている部屋もあったくらいでした。でも、私は、お付きがついてくるのは自分の独立心を傷つけられるような気がして嫌で、入学からさほど日が経《た》たないある日、「今日から私はひとりで学校に行きます」と宣言したんです。

学校へは電車通学。どのように行くかというと、高田馬場駅から当時の省線《しょうせん》、今のJR山手線に乗って2駅目の新宿駅で下車。今度は新宿駅から小田急線に乗って成城学園前駅まで行く、という具合です。

さあ、学校の帰り道。新宿駅で小田急線から省線に乗り換えるところまではうまくいったのですが、そこから2駅乗らなければいけないところ、1駅目の新大久保駅で降りてしまいました。駅の構造が似ているので、間違えたことに気づかなかったんですね。

改札口を出てからとことこと歩き出したのですが、歩けども歩けども、我が家はないわけです。それで、駅まで引き返して、もう一度、歩き出したけれど、やはり家がない。何度も行ったり来たりしていたものだから、パン屋のおばさんが、「どうしたの？」と。

「おうちがどこかに行っちゃったの」

おばさんが、交番に連れて行ってくれ、おまわりさんが家に飛んでいって、「お宅に成城学園に通っているお嬢さんはいますか？　今、迷子になって交番にいますから引き取りに来てください」と。

こんなことがあったので電車を乗り換えての通学は無理だということになり、うちは小田急線の代々木上原駅（当時は代々幡上原駅）のそばに引っ越すことになりました。電車1本で通えるから、これならば大丈夫だろう、と。

ところがまだあるのです、母を震撼《しんかん》させた上原事件が！

駅構内に響いた「あぶな〜い」の叫び声。事件の犯人は、ほかでもない私です。

当時の代々木上原駅というのは、学校からの帰りに上り電車に乗ってくると、その電車が踏切を通過するのを待ってからでないと道に出られない構造になっていました。でも、私はお転婆だったので、乗ってきた電車が踏切を越える前に、先に線路を渡るのが大好きだったんですね。

ある日、いつものように電車を降りてから大急ぎで線路を渡ろうとすると、後ろから駅員が「あぶな〜い」と。見ると、下りの電車が駅に向かって走ってきています。あっと思い、引き返そうとしたら、乗ってきた上り電車がすでに走り出していて、私は両方の電車の線路の間で立ち往生。わー、電車って大きいな、なんて眺めながら電車を見送りました。

そして、下り電車が通り過ぎたあと、「このまいたら駅員に怒られる」と思って、大急ぎで家に逃げ帰ったんです。逃げ足は速い、速い！

家に着いてから、母に「今、おもしろかったの。踏切で電車と電車の間に立っていたの」とちょっと誇らしげに報告をしたところ、母はびっくり。すぐに駅に事情を聞きに行きました。そうしたら、駅員が「そうなんですよ、もう、私は電車にやられたと思いましたよ」と。

私自身は全然、恐《こわ》いなんて思っていなかったんですけれどね。

まあ、そんな顚末《てんまつ》から、もうこの子は電車通学させないほうがいいということになって、うちは成城学園前駅の近くに引っ越したのです。このことで親にしかられた記憶はないので、大らかに育てられたんですね。

孟子《もうし》の母親が、子どもの教育のために三度、引っ越した「孟母三遷」の話は有名ですが、うちの場合は、私のお転婆のせいで二度、引っ越したという、あまりかっこうのよくないお話です。

子どもの個性を重視した学校教育。でも、私が結婚できなかったのは男女共学のせい？

これまでの画一的で型にはまった教育スタイルから脱し、子どもの興味・関心を中心に、より自由で生き生きとした教育体験の創造を目指す——などというと、最近の教育理念のように思いますが、これは「大正自由教育運動」のスローガン。

成城小学校（成城学園の起源）は100年ほど前にこんな教育理念を導入していました。アメリカでつくられ、実施されていた「ダルトン・プラン」を取り入れた教育で、今から考えても相当、新しかったと思います。

そして、教育への興味、関心が強かった母にしてみれば、子どもを託すべき学校だと思ったのでしょう。

成城では〝人間としての一流〟を目指し、〝子どものときから一流品に触れさせる〟教育が行われていました。

図書室にあるグリム童話やアンデルセン童話の本は絵本ではなく、文字だけの分厚い本。毎年、秋には帝展（今の日展）の絵を観《み》に行っていました。そして、音楽の授業の歌は、『われは海の子』のような尋常小学読本唱歌ではなく、ブラームスやシューベルトの子守歌。

このように、本物に触れることができたのは、子どもの私にとって誇りでした。一人前として扱われている気分だったのね。

また、成城の小学校は「男女七歳にして席を同じゅうせず」ではなく、男女共学だったんですよ。でも、これは私にとって良かったのかどうか。

子どものころの同学年の男の子というのは、女の子よりも弱っちい泣き虫だったりするでしょう？　お転婆の私はすっかり男の子を馬鹿にしちゃって、お相撲をしてひっくり返しては喜んでいました。結婚できなかったのは、このころの体験があったからでは……と秘《ひそ》かに思っています。

読み書きのみならず、話し方、聞き方の授業も。おかげで、今でもトーク・コンサートはへっちゃらです。

学友には大臣や学者の子弟もいれば、有名な政治家や小説家の子どももいたりして、まだまだ戦前の階級制度がある時代でしたが、私にとっては〝階級〟というのはまったくピンときていませんでした。

うちの近所のお魚屋さんも、学友のお父さまも、みんな同じ。その感覚は昔も今も変わりなく、海外生活をしているときにパーティなどでＶＩＰの方々にお会いしても、とくに動じることもありませんでした。

あと、成城の教育で特徴的だったのは、「日本の教育では、〝読み書き〟は重視されるが、〝話す聞く〟がおざなりにされている。もっと話して聞く訓練をしなければならない」という方針です。ユニークでしょう？

話し方の授業では、落語が好きな男の子が教壇に乗って落語を一生懸命やって、私たちはそれを聞いたり、自由闊達《かったつ》だったんですよ。

日本では今でも講演や演説のときにみなさん、ひたすら原稿を読み上げますよね。でも、原稿を読む言葉と、読まずに発する言葉では、迫力も相手への伝わり方も違うと思うんです。欧米の政治家などはあまり原稿は読みませんからね。

下を向かず、顔をあげ、表情でも自分の主張や気持ちを伝える。さらにいえば、マイクを使うのと、地声で話すのでも人の心への届き方は違います。

私は、こんな授業のおかげで、人前で話すことにも抵抗感がなくなり、トーク・コンサートでもできればマイクを使わないで話します。でも、この前、マイクを使わなかったら、後ろの席の人から「よく聞こえなかった」と怒られちゃいました。その点は、ごめんなさいね。

さて、こんな教育を通して、「室井摩耶子」の基礎はできました。

兄はおっとりとした天才肌。いじめられたときの敵討ちは私にお任せを！

「総領の甚六」などといいますが、うちの場合も、一番目の男の子はおっとり、二番目の女の子はお転婆で……。

兄が泣いて家に帰ってこようものなら、「お兄さま、誰がいったいそんなにお兄さまをいじめたの？　私が敵《かたき》を討ってくるから教えてよ」と家を飛び出していく始末でした。

そういえば、兄と喧嘩《けんか》をして、血の気の多かった私は勢いあまってガラスに手を突っ込んでしまい、3〜4針縫ったこともありましたっけ。その出血を見て、お手伝いさんは貧血を起こしたのですが、傷を負った本人はケロリ。「動じない」というよりは、「鈍感」なんですね。

お転婆の妹に比べておっとりした兄でしたが、お勉強はよくできて、〝稀代《きたい》の天才〟といわれていました。私と同じく成城学園に通っていましたが、小学校には飛び級で、いきなり4年生で入学したんじゃないかしら。

一方、私のお勉強はというと、たとえば数学でも幾何は好きで得意だったものの、代数はまったくダメ。

「A＋B？　なんでAなの？　なんでBなの？　どうして、どうして？」と変なところで引っかかってしまい、まったく前へ進まない。きょうだいでも、性格も特性もずいぶん違いました。

そんな子どもたちに対し、母は、お転婆の私を伸び伸びと育てながらもピアノに打ち込ませ、天才肌の長男は、その良いところを上手に伸ばしたのでしょう。

兄は17歳と何か月かで東京帝国大学（現・東京大学）の経済学部に進学しました。森鷗外《おうがい》以来の若さだったそうです。

兄の死を嘆く母の姿は深刻で、私は〝悲しみの絶望的な深さ〟を知りました。

その兄は帝大に入っていくらも経たないうちに、結核で亡くなりました。

当時はまだ結核の有効な治療法がなく、御茶ノ水の病院にしばらく入院した後に、帰らぬ人となったのです。もう少しあとだったら、治療薬のストレプトマイシンがあったのに……。

そして、私は、いじめられた兄の敵をとることはできても、兄の命を奪う病に対してはなすすべがありませんでした。

そのときの母の悲しみというのはものすごく深刻で、涙を流すのを通り越したような状態だったのです。

病院を出て、お茶の水橋から下を流れる神田川をじっと身じろぎもせず眺めていた母がぽつりといった「それでも、世の中は動いている」のひとことに、まだ14歳ぐらいだった私はその悲しみの絶望的な深さを感じました。

こんな悲しみは、実際に体験しなければわからない。

これが私の「ずだ袋」の原点です。

以来、私は自分の経験したありとあらゆるできごと、思いを「ずだ袋」に詰め込んできました。それらが私の血肉となってきたのです。

小さいころから、おせっかいの〝引き受け性〟。
人が嫌がることでも、けろけろっとやっちゃうんです。

兄、私、妹、弟。

4人きょうだいのうち、兄と妹が成人まで生きることができなかったのですから、ひと昔前、子どもが育つ確率は低かったのですね。

10歳年下の弟も、子どものころは病弱で、食事をするのに2時間かかるほどでした。ほかの家事もある母はつきっきりではいられないので、弟の食事の世話は私の係。本を読んであげながら、弟の口におかずを入れたり、面倒をみていました。

きょうだいでも年がうんと離れていたので、一緒に遊ぶというよりは、「小さなPTA」気取りでしたね。

そもそも私は、子どものころからおせっかいというか、〝引き受け性〟のところがあったんですよ。

たとえば小学校の音楽の授業で先生が「誰か歌いませんか」と生徒に呼びかけ、誰も返事をせずに先生が悲しそうな顔をすると、「はーい」と手を挙げて歌っちゃう。先生の悲しそうな顔を見ていられなかったのでしょうね。

成城学園は帰国子女が多かったのですが、日本語が不得意な子がいると「何か困っていることはない？　困っていることがあったら何でもやるわよ」とすり寄っていっちゃう。

女学校になると給食のあと、当番が食器を洗うのですが、成城に通うお嬢さんたちのなかには「食べ残しのついた器は汚くて触りたくない」という子もいて、そんなときは「いいわよ、私がゆすいであげるから、みんなもってきて」とお世話を焼いちゃう。

さっきもお話ししましたが、頼まれもしないのにいじめられた兄の敵討ちなんかもしていましたからね。

わりと人が嫌がるようなことも平気で、けろけろっとやってしまう。出しゃばりで世話好きな性格だったんですね。

職業としては、自分ひとりで音楽と向き合うピアニストという仕事につきましたが、プライベートでは父の介護などもしましたから、世話好きの性格はあのころからあまり変わっていないような気がします。

「昭和の世になって、今さらお琴でもないだろう」という両親の思いつきが、私の人生を決めました。

6歳になったある日、家に真っ黒い大きな箱が届きました。

ふたを開けて、白と黒の部分をこわごわ人差し指で押してみたら、部屋中にボーンと低い音が響いたのでびっくりして、ひゃっと飛び上がっちゃった。これが、私とピアノの出合いです。

そのピアノは、正面に鳳凰《ほうおう》の飾りがついた優雅なアップライトでした。昭和天皇の即位の御大典に合わせて売り出された記念モデルだったそうです。

昔から、「6歳の6か月と6日目に芸事を始めるといい」といわれていましたが、父が「昭和にもなって、今さらお琴でもないだろう。記念モデルも出るからちょうどいい。ピアノを習わせよう」と買ったようです。

それが、のちの私の人生を決めようとは、誰も思っていなかったはずです。それでもピアノの教育となると、やはり母は熱心でした。

最初は、童謡『鯉《こい》のぼり』などの作曲で有名な弘田龍太郎さんの奥さまがピアノの先生で、その方に習っていました。でも、やがて弘田さんご夫妻は留学でヨーロッパに行ってしまわれたんですね。

それで、学校の先生のご紹介で、小学校4年生のときから習い始めたのが、高折宮次先生。当時、ドイツ留学から帰られたばかりで、上野の東京音楽学校の看板教授でした。

子どもの私は「また違う先生でピアノのお稽古《けいこ》が始まった」くらいにしか思ってい

ませんでしたが、東京音楽学校の売れっ子教授に10歳の子どものレッスンをお願いするなんて、当時はあまりないことだったようです。

そして、この先生がまた、恐い先生だったんですよ。手をたたかれるようなしかり方をされたかどうかは覚えていませんが、ある日、家に帰ってから「今日ね、先生がすごく怒って、顔を見たら目が三角になっていて、うちの木馬の目と同じだったのよ」と母に報告した記憶があります。そのとき、家に三角の目をした木馬のおもちゃがあったんですね。

ほかのもっと年齢のいった生徒さんでも、先生に怒られて泣いたりしていたようですが、私は泣くこともなく、こんな調子。ここでも見事な鈍感ぶりを発揮して、先生に怒られてもあまりこたえていなかったみたいですね。

1928年、７歳のとき。母とピアノの練習中。

毎朝、定時のピアノのお稽古は、ご近所の時計代わり。でも、〝従順なよい子〟にはおさまらなくて…

お稽古に関して私は従順で、母に「何時だからピアノのお稽古」といわれれば、「はい」とやっていました。

毎朝、登校前の8時から8時半までと、学校から帰ってからの1時間が家でのピアノの時間。日々、規則正しくお稽古をするので、ご近所の時計代わりになっていたくらいでした。時間を決めて、きちんきちんと何かをやる……というのは、意外と私は得意なんです。

そうそう、当時、成城の街にローラースケート場ができて、学友たちは学校帰りに遊びに行っていましたが、私はピアノのお稽古があるから一緒に行けなかったんですね。

大人になってから学友たちが集まったときに「あなたはピアノを弾いていたからローラースケート場のことは知らないでしょう?」といわれました。ところが、どうしてどうして。私はピアノのお稽古のあと、しょっちゅうひとりでローラースケート場に行っていたんです。

「へぇ、やることはやっていたのね」と学友たち。

もちろんですとも。人一倍、好奇心旺盛な私が新しい遊びに飛びつかないわけがありません。当時から、「みんなで一緒」ではなく、ひとりでだって、行きたいところへは行っていました。

人を縛る規則はやぶりたい。音楽の約束事だって「なぜ？　どうして？」

私の音楽の勉強はピアノだけではありませんでした。

そのひとつが、小林宗作先生のリトミック教室。あの黒柳徹子の『窓ぎわのトットちゃん』に出てくる小林先生です。

リトミックとはスイスの音楽教育家、ダルクローズ氏が開発した音楽教育法で、小林先生は留学をしてダルクローズ氏に直接、師事し、リトミックを日本に導入した方でした。

もうひとつは、作曲家の岡本敏明先生、のちの国立《くにたち》音楽大学教授のもとでの作曲の勉強です。いずれも一流の先生ばかりですが、ここでも私の「なぜ、なぜ、どうして」が発揮されていました。

小学校4、5年のころの私は、作曲のお勉強に行っては、

「なぜ、曲は始まった時と同じ調で終わらなければいけないの？」

「短調の曲は悲しい音調というけれど、短調でうれしい曲を書いてもいいんでしょう？」と、先生が答えに困るような質問ばかりを投げかけていました。

当時から、人を縛る規則はやぶりたい、人と同じことをやるのはつまらない、という思いが強かったんです。それでも作曲は決して嫌いではなく、自分でつくったピアノの曲を、愛宕山《あたごやま》にあった日本放送協会（現・NHK）のラジオ放送局で弾いて披露したこともありました。まさに自作自演ってやつね。

結局は、「ピアノか作曲か、どちらかを真剣にやったほうがいい」という大人たちの判断で作曲はやめました。

でもね、私の「なぜ、どうして」はピアノにおいても発揮されることになるのです。

第4章

これが最後の演奏会。ピアノをやめようと思ったこともあるわ。

先生を困らせた質問は、「モーツァルトの音楽とは、どんな音楽ですか」

「私はピアニストになって、世界中を演奏してまわります」

小学校の卒業文集に私はこんな文章を書いています。

子どものかわいらしい夢ともいえますし、まあ随分、大胆なことを書いたものだとも思いますが、その後も自分がピアニストの道に進むことに疑問も悩みももたず、ごく当然のように東京音楽学校への進学を目指していました。

入試の課題曲はモーツァルト。ところが、受験に向けて曲をしっかりさらえばさらうほど、何かがおかしいのです。名人といわれる人の演奏に比べ、私には何かが足りない。ピアノがうまいというのは、どういうこと?

楽譜通りには弾けていて、先生からの注意も何もないのに、自分自身が腑《ふ》に落ちる表現になっていないのです。

でも、何がおかしいのか、何が足りないのかが、わからない。

そう、今の私にはそれが何なのかはわかりますが、当時の私にはわからなかったのですね。

そのころのピアノの世界では、先生に質問をするなんてとんでもない話でした。というのも、先生の教え方が悪いから生徒がわからないんだ……ということになるので、先生に疑問をぶつける生徒などいなかったのです。

小学生のころは作曲の先生に無邪気に「なぜ、なぜ、どうして？」と質問していた私にも、そのころにはさすがに大人の分別というものがついて、先生の面子《メンツ》を潰《つぶ》すようなことには躊躇《ちゅうちょ》がありました。でも、とうとう勇を鼓して、聞いたんです。

「先生、モーツァルトの音楽って、どういう音楽ですか」と。

先生はしばらく考えたあとに、「真珠の首飾りがあるでしょう？　あんなようなきれいなものです」とお答えになりました。

そんなことをいわれても、私にはちっともわかりません。

先生は、1粒1粒、つまり1音1音がきれいで艶《つや》やかさのある美しいものだとおっしゃりたかったのかもしれませんが、私はもっと根源的なことを知りたかったのです。先生に聞いても解決しない。

意を決した先生への質問も空振りに終わり、がっかりした私は「もう、先生に質問するのは、や～めた」と心のなかで思ったのです。

本場、ヨーロッパの音にショック。日本人には出せない音がそこにはありました。

昭和13（1938）年、東京音楽学校にはいい成績で入学をしましたが、私自身はまったく満足していませんでした。

何かがおかしい。何かが足りない。

東京音楽学校の在籍中も、さらに学校を首席で卒業して研究科（現・東京藝術大学大学院）に入ってからも、この思いがずっと私を苦しめることになったのです。

ことに研究科に進んでからは、当時の著名なピアニストであり教育者だったレオニード・クロイツァー教授の指導を受けることになったのですが、その〝本場、ヨーロッパの音〟にもショックを受けました。

クロイツァー教授がピアノを弾くと、今まで聞いたことがないようなまろやかで優しい音が出るんです。

でも、私たち日本の学生は、ただ鍵盤《けんばん》をバーンとたたいて音を出すような教育しか受けてこなかったので、どうしたらクロイツァー教授のような美しい音が出せるのか皆目わかりません。日本人には出せない音がある。先生自身も、どう教えたらいいのか、おわかりになっていなかったのではないかしら。

答えは自分で見つけるしかない……。

自力でそれらの答えにたどり着くまでには、まだ長い道のりが待っていました。

戦争中は軍需工場で腕のいい旋盤工。日の丸弁当のおかずのたくあんはおいしかったわ。

昭和18（1943）年に東京音楽学校の研究科を修了。

戦争の激化とともに私は勤労動員され、軍需工場で旋盤工《せんばんこう》として働くようになりました。もちろん初めての経験でしたが、ピアノを弾くのに比べたら旋盤の仕事なんてなんのその。私は結構、優秀な旋盤工だったのですよ。

工場ではお弁当が出ましたが、木肌がはげた木製のお弁当箱にごはんが詰めてあって、真ん中に梅干しがひとつの「日の丸弁当」。おかずは炒《いた》めたたくあんが2枚でした。

それまで、たくあんを炒めたものなんて食べたことがなかったのですが、これが意外とおいしかったですね。毎日、毎日、同じお弁当でしたが、お米を食べられるだけでもありがたかった。

なにしろ当時、食べ物は配給。庭にかぼちゃだとか大根だとかを植えて、飢えをしのいでいました。

今日もかぼちゃ、明日もかぼちゃ。

そのとき、「一生分を食べた」というくらいかぼちゃを食べたので、もううんざり。以後、すっかりかぼちゃを敬遠し、最近まで一切、食べなかったんですよ。ところが、今のかぼちゃっておいしいんですね。人に勧められて食べたらおいしくて、長年、食べずに損しちゃった。

でも、小女子《こうなご》だけはもうごめんです。バケツを下げて配給所に行くと、腐ったような小女子を入れてくれたのですが、あの味は……。いまだにスーパーで小女子を見ても食指が動きません。食べ物の記憶ってすごいわね。

戦時下の昭和20年、ソリストとしてデビュー。
リサイタル後の空襲で、会場は遺体安置所となりました。

しばらく軍需工場で働いたのち、私は軍需省に呼ばれて非常勤の職員になりました。

徴用された学生さんたちの情操教育のために音楽を教えていたんです。戦時下でも音楽が必要とされているのはうれしかったですね。

その後、昭和20（1945）年1月、日比谷公会堂で日本交響楽団、今のN響（NHK交響楽団）のソリストとしてデビューします。そう、戦時中のことでした。

3日間続いた公演ではバッハを弾きました。

「戦時中、クラシック音楽は禁止されていたのではないですか？」と戦後生まれの人に聞かれましたが、敵性語の英語は禁止されても、同盟国のドイツやイタリアの音楽は禁止されていなかったんですよ。

ただし、「贅沢《ぜいたく》は敵」の時代。家でピアノを弾くときには小さな音しか出さないように気を配っていましたね。そして、公演当日は、デビューの晴れ晴れしい気持ちを味わう余裕もなく、とにかく無事に弾き終えることばかり考えていました。

食べるのにも困り、いつ空襲で死ぬかもわからない戦争中でもクラシック音楽の公演ができたことは、今考えると奇跡のようです。人々も音楽に飢えていたのか、3日間の演奏会は満席でした。

でも、最終日の公演が終わって家に帰り着くなり空襲警報がなり、その後、銀座や日比谷は空襲を受けたのです。

そして、公演をした日比谷公会堂は首の入った鉄兜がごろごろ転がる凄惨な遺体安置所となりました。

明日をも知れぬ……。戦時中はまさにそんな日々でした。

ピアノを牛車に乗せて〝決死の疎開作戦〟。途中までは順調に運べたのですが…

いつ空襲を受けるかわからない毎日。私自身は仕事があるので東京を離れることはできませんが、せめてピアノは守りたいと、まだ空襲を受けていない甲府の知り合いの家にピアノを疎開させることにしました。

あのころは、「ちんちん屋」と称して、荷物を運ぶおじさんがいたんですね。その人の牛車で新宿まで運び、そこから汽車で甲府へ運ぶという手はずをととのえ、私はついてはいけないので、自宅で見送りました。

当時は、不要不急でない荷物は運んではいけないことになっていたので、「ちんちん屋」のおじさんは、交番の前を通るときには牛を引っぱたいて走らせたそうです。

あとからその話を聞いて、「牛もいい迷惑だったわね」と笑ったものですが、いえいえ、おじさんは冷や汗ものだったとか。そうですよね、呼び止められたら、そこでおしまい……ですから。

そんな苦労をしながらようやく新宿に到着。ところが、なんと山梨が空襲を受け、とてもピアノを運べる状態ではなくなってしまったのです。そして、しばらく様子を見るためにピアノは新宿に留め置かれることになりました。

空襲のときというのは、空が真っ赤になるんですよ。東京のどこかが空襲を受けるたびに、私はその赤い空を眺めながら、新宿は大丈夫かな、ピアノは大丈夫かなと気が気ではありませんでした。次に空襲があれば、標的は私たちが住む成城あたりだろうともいわれていました。

でも、新宿のピアノも、成城の家も空襲に遭う前に終戦を迎えることができました。

戦争が終わった8月15日はとてもお天気のいい日で、これでやっとみんな幸福になれる……と思ったのを覚えています。

「現代音楽の室井」と賞賛され、拍手喝采を受けるたびに私は追い詰められ、絶望的になったのです。

終戦後、本格的にピアニストとしての活動を開始しました。

みなさん、音楽に飢えていたのでしょう。リサイタルは開くたびに大成功。でも、自分の演奏に対する「何かがおかしい、何かが足りない」という思いが解決されることはありませんでした。

そして、悩んだ末に私が出した結論は、「モーツァルトもベートーヴェンも100年以上も前に生きた人だから、現代人の私がその曲を理解できなくても当然だ。『源氏物語』に書かれている言葉で話をしなさいといわれても、できないのと同じ。現代人がつくる曲ならきっと理解できるだろう」ということ。そして、私は現代音楽を演奏するようになったのです。

ポール・デュカスやエリック・サティなどの日本初演を次々とやっては成功し、「現代音楽の室井」と呼ばれるようになりました。

でも、どんなに高く評価されても、私は納得できませんでした。いえ、絶望していました。違う、違う！

私が抱えている問題は、弾く曲目をクラシックから現代音楽に代えれば解決するものではなく、もっと根本的なものだと気づいたからです。

苦悩の時期が続きました。「次の演奏会が終わったら、ピアノをやめよう」と思ったこともたびたびでした。

そして、いよいよ「これが最後の演奏会」という思いで取り組んだのが、『魔法使いの弟子』の作曲家、ポール・デュカス。そのとき弾いたピアノ・ソナタは40分くらいかかる難曲です。

のちにドイツで師事したヴィルヘルム・ケンプ教授に「デュカスのあの曲を日本で初演したのは私なんです」という話をしたら、「へぇ～、それは大変だったろうね」とおっしゃいましたが、本当に難しい曲で、どうやって弾こうかと悩んで悩んで。

その練習期間中、電車で偶然、会った知人に、「どうかしたんですか？」と聞かれ、「なぜ？」と聞いたら、「あなた、今にも自殺しそうな暗い顔をしていた」といわれたほどでした。お転婆で楽観的な私も、相当、深刻になっていたんですね。

でも、どうにか曲を仕上げてリサイタルに臨み、結果、大絶賛を受けたときの思いは、「これで私はピアノから逃れられなくなった」という絶望感でした。評価されればされるほど苦しさが増していく……。

ピアノを続けていくのなら、ヨーロッパに行って本物に触れ、ベースを身につけたい。そんな思いが募っていました。

黒澤明監督の映画に私の〝手〟が初出演。原節子さんの白魚のような手の吹き替え役でした。

そのころのピアニストとしての活動は、悩み多きものでしたが、それでもちょっと変わった楽しい仕事もあったんですよ。

トーキー映画の録音や撮影を専門に行う「写真化学研究所（ＰＣＬ）」という会社が、戦前から私が住む成城にあり、高峰秀子さんをはじめとする俳優も近所にはいっぱい住んでいたんです。そんな関係もあり、映画音楽の仕事の依頼もあって、よく参加していました。

黒澤明監督とご一緒することもたびたびで、昭和21（１９４６）年に公開された『わが青春に悔なし』の映画音楽の演奏も担当していました。

あの映画では主人公、八木原幸枝を原節子さんが演じていてピアノを弾くシーンがあるのですが、原さんは実際にはピアノをお弾きにならないんですね。そこで、黒澤監督が私に、「ちょっとピアノを弾く見本を見せてあげて」とおっしゃったんです。

そして原さんに「ああいうふうに弾けばいいんだよ」なんて軽くおっしゃって、監督はふらりとどこかへいなくなってしまったのですが、そう簡単に真似《まね》できるものでもありません。

困った私は一計を案じ、ピアノに向かって座る原さんの後ろに立って、「1といったら右手を伸ばし、2といったら左手を伸ばす」などと号令をかけながら形だけでも弾いている風に見えるように練習をしました。まあ、遠目にはそれでどうにか形がつきましたが、結局、ピアノを弾く手のアップは、私が吹き替えでやることに……。

ところが、原さんは白魚のような手なのに、私は節々がガシッとした大工さんのような手。こんな手がアップになったのでは、〝原節子〟のイメージが悪くなるのではと心配になりました。

それでも「この際、仕方がないわね」と原さんと話して、私が弾いたんですよ。

これも今になってみれば、いい思い出ですね。

一度だけ、自分自身が映画に出たこともあります。映画『ここに泉あり』では岸惠子の敵役だったんですよ。

たった一度だけ、役をいただいて映画に出たこともあるのですよ。

昭和30（1955）年に公開された今井正監督の『ここに泉あり』。

終戦直後の高崎市民オーケストラが、奮闘をしながら群馬交響楽団へと成長していく実話を描いた映画です。

このなかで岸惠子さん演じる市民オーケストラのピアニストが、東京から来た人気ピアニストの演奏を聴いて、あまりの実力の差に落胆するというシーンがあるのですが、この人気ピアニスト役を実名で演じさせて頂いたのです。

まあ、演じたといっても台詞《せりふ》があるわけでもなく、「ピアノを弾いてください」といわれたので、「はい」といって弾いただけで、演技をしたわけではないのですけれどね。

映画に名前と顔が出たのはこのときだけ。

こういう経験をしたのも若かりしころの楽しい思い出です。

そして、この翌年、私はいよいよ日本を離れることになります。

93　これが最後の演奏会。ピアノをやめようと思ったこともあるわ。

映画『ここに泉あり』に出演したときの1シーン。
チャイコフスキーのコンツェルトを弾きました。

長年、私を苦しめてきた「足りないもの」を見つけられるまで帰らない決心で渡欧しました。

袖《そで》が肩の上にうちわのように突き出している民族衣装。燃えるようなマニラ湾の夕焼け。そして、感動的においしかったマンゴーのアイスクリーム！

私にとっての初めての外国はフィリピンのマニラでした。「いつかはヨーロッパへ」と渡欧を願っていた私が、結局は東南アジアに行ってしまった？　いいえ、こんな事情があったんです。

昭和31（1956）年、オーストリアのウィーンで開催される『モーツァルト生誕200年記念祭』に日本からも代表がひとり派遣されることになり、私にお声がかかりました。

当時は今のように気軽に渡航はできず、一日あたりの所持金の制限があり、1ドルが360円の時代。それが、公費でヨーロッパに行かせてくれるというのですから、何をおいたって、行きます、行きます、そりゃあ、行きますとも。

さらに私は、その『モーツァルト生誕200年記念祭』が終わったあと帰国せずにドイツ留学をすることを決心していました。

ピアニストとしてもそれなりに活躍していましたし、母校の東京藝大で教鞭《きょうべん》をとっていましたが、その地位を捨ててでも、長年、私を苦しめてきた「何かがおかしい、何かが足りない」の答えが見つかるまで日本には帰ってこない覚悟でした。35歳のときのことです。

親はさびしかったと思いますが、私は意気揚々とした旅立ちでしたね。そのころすでに羽田空港からヨーロッパに飛行機が飛んでいましたが、嵐《あらし》で飛行機が東京に来ないとかで、とにかくフィリピンまで運ばれました。そのために私にとっての初めての外国がマニラとなったのです。あのマンゴーアイスの味は今でも覚えていますよ。もう60年以上前なのに、やはり私って食いしん坊ね……。

そして、見るものすべてが目新しい東南アジアをあとにし、さらに1日半かけてウィーンへ。日本を出てから3日がかりの旅でした。

1963年、ベルリン・フィル新ホールの開館式典に招待されたときの様子。政府高官がエスコートしてくれました。

日本人は若く見えるから、振り袖姿で出席したパーティでは〝かわい子ちゃん〟扱いされて、得しちゃったわ。

『モーツァルト生誕200年記念祭』には世界中の人々が集まってきていて、国際会議に私は振り袖で出席しました。

日本人は若く見えるので、みなさん、17、18歳のかわい子ちゃんが来たと思って、えらいもてちゃって、得をしちゃったわ。パーティでは真ん真ん中の席を用意されたんですよ。

右も左も堂々としたおじさま方。黙っているわけにもいかないので、「あなたは何をしていらっしゃるのですか？」と質問しました。

すると、「私はウィーンの市長です」と聞いて、ビックリ。反対側の方に「あなたは何をしていらっしゃるのですか？」と質問すると、「私は西ドイツの内務大臣です」と聞いて、またまたビックリ。

本来ならば同行していた日本の外交官が、事前に私にそういう情報を伝えるべきところですが、何も教えてくれていなかったんですね。お偉方に囲まれて驚きましたが、それでも子どものころから階級に対して分け隔てない感覚をもっていたので怖《お》じ気づくことはありませんでした。

大勢の前でスピーチもしましたが、ここでも子ども時代の「話し方聞き方」の授業が役立ってあがりませんでしたね。

そして、この華やかな『モーツァルト生誕200年記念祭』のあと、私は第1回ドイツ政府給費留学生に推挙され、ベルリン音楽大学に留学をしました。そのときは想像していませんでしたが、以後、30年近い海外生活の始まりでした。

一度、自分というものを捨ててみよう。それでなくなるような「自分」なら、なくなっていいもの。

東京音楽学校の研究科の学生のときにクロイツァー教授に師事したことはすでに話しました。

クロイツァー教授は本当に偉大な音楽家であり、私は彼が出す〝本場、ヨーロッパの音〟に「なんていい音を出すのだろう」と衝撃を受けました。でも、彼の表現は好きではありませんでした。

テンポ・ルバート。強調したい音を長めに弾いたりする表現が嫌いだったんです。

「いい音」であることと、「表現のクセ」とは別の話ですから。

師弟関係においては「あなたは先生に似ていますね」といわれることが最大の賞賛ですが、私は「絶対、クロイツァー教授のような表現だけはしない」と心に固く決めていました。

もちろん言葉ではいいませんが、クロイツァー教授の真似はせず、頑として自分のやり方で通して、最終的には教授に「Ｙｅｓ」、ＯＫといわせていたのです。その点は頑固でしたね。

教える側にしてみれば決しておもしろくはなかったと思いますが、「私と同じようにやりなさい」と強要しなかったクロイツァー教授も偉大だったと思います。

そんな頑固で〝わが道〟を行く私でしたが、ヨーロッパに行くに際して決心したのは、「一度、自分というものを捨ててみよう」ということでした。先生がもつ音楽のなかにすっかり飛び込んでみよう。それでなくなってしまうような「自分」だったら、なくなってしまってもいいと。

ゼロからスタートすることを決心していたのです。

ベルリン音楽大学で師事をしたのはヘルムート・ロロフ教授です。この先生は、音楽の基本原則をとてもよく教えてくださいました。

「楽譜のこの音は、こうではなくて、こうなのでは？」というふうに実際の音を出しながら教えてくれました。

「音楽とはルールによって成り立ち、その上にこそ人間の豊かな感情が表現されるのだ」、「音楽とは音による会話だ」、そういうことをロロフ教授は音で私に伝えてくれたのです。

そして私は、「音楽にも文章と同じように文法がある」ということに気づくことになります。音楽文法については第5章でお話ししたいと思いますが、その文法がわかってから、私の楽譜の読み取り方は変わっていき、自分でもストンと腑に落ちる表現ができるようになっていきました。

一度、自分というものを捨ててみよう。

そう決心した私のなかにロロフ教授の教えが染み、音楽への理解が深まり、「何かが足りない」という長年の悩みから解放されていったんです。

八百屋のおじさんの鼻歌がオペラのアリア!?
異国では人々の暮らしそのものが、学びの場でした。

ウィーンにいるときは、よくピクニックに連れて行ってもらいました。小さなトラックにみんなで乗って行くんです。そんなとき、運転してくれた八百屋さんが鼻歌でモーツァルトのオペラのアリアを歌うのを聞いて、カルチャーショックを受けました。

考えてみれば、日本人が民謡や歌謡曲を鼻歌で歌うのと同じ感覚ですが、へーぇ、鼻歌がモーツァルトなのねーっと。

そういう経験はまだまだあって、ウィーン宮廷教会の日曜のミサに出かけたときのことです。儀式の進行に合わせてモーツァルトのミサ曲が演奏されたんですね。

そのミサ曲では、感情が高まってピークに達したところでコーラスが「グローリア！」と歌うのですが、ちょうどそのときにお賽銭袋《さいせんぶくろ》がまわってくるわけです。参列者は音楽に感動し、気持ちが高揚しているので、いくらでもお賽銭を入れたくなる。人間の心理と音楽が連動しているんですね。

宗教音楽というと、ひたすら冷静に、厳粛に演奏するものだという感覚をもっていたので、ここでも宗教、音楽、人の関わりについて新たな目を開かれた思いでした。

やはり、その音楽が生まれた国に行き、その音楽が息づいている暮らしのなかに身を投じてこそわかることってありますね。

あのころは学校の授業だけでなく、人々の暮らしが、学びの場でした。

小学校の卒業文集に書いた夢が、40歳を目前にして現実のことになりました。

尊敬するピアニストはそこここにいますが、筆頭はやはりヴィルヘルム・ケンプ教授です。

私に「ステージで弾くときは、うれしくてたまらないくらいでなければいけない」と教えてくれた人です。

ケンプ教授は世界中から選ばれた優秀な若いピアニストを集めて、ベートーヴェンのピアノ・ソナタ全32曲の公開講座を開いていました。その講座に参加する機会を得た私は、多くのピアニストと交流して刺激を受けました。

そして、ドイツに渡って5年目の昭和35（1960）年、私は大きな転機を迎えることになります。ケンプ教授の勧めでベルリンでデビューすることが決まったのです。曲目はベートーヴェンのソナタ4曲。本場のドイツでベートーヴェンを弾く、そのことにためらいがなかったかといえば、嘘《うそ》になります。でも、大和撫子《やまとなでしこ》、ここで引き下がるわけにはいきません。

ピアニストの舞台はいつだってワンマンショー。誰も助けてくれないから、肝を据えて弾くしかしょうがないもの。

そして、リサイタルは好評を得て、私はヨーロッパでの活動の第一歩を踏み出しました。

小学校の卒業文集で「私はピアニストになって、世界中を演奏してまわります」と書いたことが、大それた夢ではなく、現実となったのです。40歳になる直前のことでした。

「日本人のあなたにベートーヴェンが弾けますか？」
「ベートーヴェンはドイツ人のために作曲したのでしょうか？」

デビュー以来、演奏活動はヨーロッパ各地13か国におよびましたが、あれはチェコでリサイタルを行ったときのこと。曲目はベートーヴェンのピアノ協奏曲でした。休憩時間におばさんの評論家がやってきて、「なんで日本人がベートーヴェンを弾くんだ」と問い詰めてくるのです。

そこで私は、「ベートーヴェンはドイツ人のために作曲したのではなく、人間のために作曲をしたのではないでしょうか。ドイツ人だって日本人だってうれしいときは喜び、悲しいときは涙を流し、逆のことはしません。ドイツ人も日本人も同じ人間。自分が表現したいものを表現して何がいけないのでしょう」と。

おばさん評論家は苦虫をかみ潰したような顔をしていましたっけ。

私自身、これで彼女を説得できたとは思っていませんでした。でも、自分を信じて舞台に立つしかありません。気持ちを集中させ、休憩後のステージへと向かいました。

そして、演奏が終わり、舞台の上で挨拶《あいさつ》をしながら客席を見渡したときのことです。2階席の真ん中で立って、大きく手を振っている人がいます。

見ると、あのおばさん評論家です。うん、うん、とうなずきながら大きく手を振ってくれていて、ああ、わかってくれたのだなと。あのときはうれしかったですね。

ドイツ人も日本人も、チェコ人も同じ人間。「音楽に国境がない」という思いを舞台と客席で共有できた出来事でした。

105　これが最後の演奏会。ピアノをやめようと思ったこともあるわ。

音楽家としての自信を得た、チェコの首都プラハでのリサイタル。

男に生まれたかったとずっと思っていました。でも、ある老練な女流ピアニストが私の考えを変えたんです。

子どものころからずっと「男に生まれたかった」と思っていました。

男女共学の小学生時代、お相撲で男の子をひっくり返しては喜び、上野の音楽学校時代も男の連中よりエネルギッシュな演奏をし、日本で演奏活動をしていたころには「男性的なピアニスト」と評されては秘《ひそ》かに喜んでいた私です。

レディー・ファーストと大事にされ、女性にとって天国のようなヨーロッパに来てからも、男の人をうらやましく思っていました。でも、渡欧してから8年経《た》ったころ、私のそんな考えを変えたのが、ドイツ人の女流ピアニスト、エリー・ナイでした。

当時、彼女は82歳になっていましたが、その彼女が弾くベートーヴェンのソナタなどはまるで優しいおばあさんが孫をあやすように聞こえるのです。

ゆったりとしたテンポ、優しいタッチで「そうかい、そうかい、坊や。ああ、おまえのいうとおりだよ」と、その演奏は思いやりに富んでいるのです。

「それはベートーヴェンの曲の解釈として間違っている」という人もいるかもしれません。でも、私は82歳の老婦人にしか弾けないこの境地に胸を打たれました。

ヨーロッパに渡り、音楽を読み取るルール、音楽文法の存在に気づき、当初はそれをマスターすることに夢中だった私は、次に「個性」というテーマにぶち当たっていました。

偉大なる「個性」はルールも何もかみ砕《くだ》き、飲み込んでしまう。でも、ルールが「個性」を織り出すことはあり得ない。その「個性」をどうやって確立するのか。

私はあるときドイツ人の音楽家と話をしていて、「ペルゼーンリヒカイト（立派に確立された個性）というものは生まれつきのものなのでしょうか、自然に出て来るものなのでしょうか。それとも自分で見つけ出し、意識的に磨き上げるものなのでしょうか」と聞いたことがあります。

すると彼は、「それは自然に出て来るものさ。勉強していれば、自然に確立されるものだよ」といったものです。

そして私は、エリー・ナイの演奏を聴いて確信したのです。

怠けることなく生き、勉強を続ければ、「個性」は自然と醸《かも》し出されるものだと。

私は、日本人の、私の年齢の女性でなければできないものを表現するしかない、それが私の「個性」なのだと。

ヨーロッパに行ってからは「女性らしいピアニスト」と評されることが多かった私

は、その評価を喜んで受け止められるようになりました。

自分に足りないものを見つけるまでは日本に帰らない。

そう心に決めて羽田空港を発《た》ったとき、ヨーロッパでこれほど長く演奏活動を続けることになるとは想像していませんでした。が、1964年にはドイツで出版された『世界一五〇人のピアニスト』のなかでそのひとりに選ばれ、ヨーロッパ各地での演奏活動が実現しました。

そして、昭和57（1982）年、61歳のときに拠点を日本に移すまで、私の海外での活動は続いたのです。

109　これが最後の演奏会。ピアノをやめようと思ったこともあるわ。

ドイツのバイエルン州にある小都市バイロイトでのリサイタル。

第5章

わかりそうで、わからない。
できそうで、できない。
それがピアノの魔力ね。

音楽とは音で書かれた詩であり、小説であり、戯曲です。物語のない演奏には感動がありません。

音はただの記号ではない。音はものをいっている。

私にピアノを教えてくれた先生が、最初にそのことを一言でもいってくれたなら、私はもっと早くに音楽を理解できたと思います。そのことに気がついたのは遅まきながら35歳でヨーロッパに渡ってから。随分と遠回りをしました。

『モーツァルト生誕200年記念祭』に行ったとき、私はカール・ベーム率いるウィーン・フィルハーモニーが奏でるモーツァルトの『交響曲第40番ト短調』を聴きました。第1楽章の聞き慣れたメロディー。なのに、そのときそれが何か言葉で語りかけてくるように聞こえたのです。

「先生、モーツァルトの音楽って、どういう音楽ですか」と聞かずにはいられなかったほど私を悩ませたモーツァルトが、私に語りかけている。心が震えて、涙が止まらなくなりました。

探していたものはここにある。やはり本場に来てよかった。

以後、私はドイツでロロフ教授の指導を受けながら、「ものをいう音、語りかける

「音楽」というものを探っていくことになりました。そして、やっと自分なりに「音楽とは音で書かれた詩であり、小説であり、戯曲である。そして、音楽にも文法がある」ということに気づいたのです。

それはたとえば、こういうことです。

楽譜には「この音はフォルテで弾きなさい」「この音はピアニシモで弾きなさい」という記号しか書いてありません。

でも、遠くにいる人に大きな声で話しかけるときに、「ねえぇ」というのと、「おい、こらっ」というのではまったくニュアンスが違いますよね。

小さな声で人に話すときでも、「そこは危ないから気をつけてください」と強い意志を持って伝えようとしているときと、何気ないこそこそ話では表現が変わります。

楽譜のこの部分では、どんな種類の大きい音、小さな音が求められているのか。それを文脈のなかから読み取って表現しなければ、詩であり、小説であり、戯曲である音楽という物語を語ることはできないのです。

デモ隊などが、「我々はーっ」「断固としてーっ」「反対するーっ」とがなり立てますが、語尾に力が入るとブツッ、ブツッと切れていて、なめらかな文章にならないでしょう？　だから説得力などありませんよね。

音楽にも終止形というのがあって、それがちゃんと小さくなってこそ次につながっていく。シューベルトなどはその使い方が本当にうまくて、ひとつの音のなかに次につながるエネルギーがこめられています。

また、不協和音という人間の心に本能的な不安を与えるような和音のあとには、協和音という調和のとれた安定感のある和音に行きたいという心理が働くものなのです。心地のいい方向に行きたがるんですよ。

そのほかにも、人間の心理として、音階が上がっていくときには心が緊張し、音階が下がっていくときには心が鎮静するという傾向もあるのね。音と人間心理の関係ってすごいんです。

作曲家というのはそういうことを実によく知っていて、見事に物語を綴《つづ》っているのですよ。そういうことがわかってくると、楽譜を見るのが本当に楽しくなります。

物語をもっていない演奏はいかに速い指の動きだろうが、大きな音だろうが、聴いている人にとっては、ただ「ふ〜ん。それで?」でしかなく、そこに感動は生まれません。

「あなたの今日の演奏は、まるで話しかけてくるようでした」

リサイタルのあと、観客からこんな感想をいただくと、私にとって最高の賛辞だとうれしくなるんです。

りんごの3等分が難しいように、三連符を弾くのは難しい。だからこそ、工夫のしがいがあるんです。

ここにひとつのりんごがあるとしましょう。

3人の子どものおやつのために、このりんごを3等分すると、「そっちのほうが大きい」「こっちは小さい」と、かならず喧嘩《けんか》になります。

4つにはきれいに割れるけれど、3つにはきれいに割れない。

「3」っておもしろい数字なのね。

ベートーヴェンはこの「3」、音楽でいえば「三連符」のもつ不思議さというものを熟知していて、使いつくしています。その良い例が有名なピアノ・ソナタ、『月光』です。

私たち演奏家は、作曲家の意図をくみ、三連符の3つの音の長さが微妙に違うことを意識して演奏する必要があります。

また、3つの音には役割があって、最初の音は拍子を取る役割なので、強めに弾かなければなりません。よくピアノの先生たちは、「1、2、3」と同じ強さで拍子を取りますが、それだと音が動いていかない。

そう、ワルツを思い浮かべてみてください。ウン、タッタ、ウン、タッタと、最初の「1」を強い音にして「脚を出しますよ」「次に行きますよ」と示してあげると、うまくリズムに乗って踊れますよね。

でも、これが行進曲となると別なんです。

もし、モーツァルトの『トルコ行進曲』に三連符が入ったとしたら、これは歩けません。3つの音の微妙な長さの違いが、規則正しい動きの行進には向かないわけ。ねぇ、おもしろいでしょ？ だから飽きません。

3人の子どもにりんごを切り分けてあげるときは、4つ割りにして、ひとつはお母さんが食べるといいですね。

1000分の1秒の〝間〟で人間心理を巧みに操る。落語もクラシックも〝間〟が命です。

突然ですが、私は落語が大好きで昔はよく聴きに行ったんですよ。

噺家《はなしか》の誰がひいきということもなく、時間があるときにふらりと寄席に行ってはケラケラと笑って、帰ってきていました。

職業柄、音楽会などに行っても、「なるほど、あそこはあんなふうに弾くのか」などと考えてしまって心底、楽しめないんですね。その点、落語はピアノのことなどすっかり忘れて没頭できる。最近、ちょっと出不精になってしまって、落語を生で聴けないのは残念です。

ただ、「落語はピアノとまったく無縁だから楽しめる」といっても、落語も音楽も「間《ま》」の重要性は同じ。大きな共通点があります。

新米の噺家の「間」の取り方が今ひとつだったりすると、気持ちよく笑えないですよね。その点、うまい噺家は「間」が絶妙です。

人の感情というのは音がないときに発展していくんですね。それが、1000分の1秒くらいのちょっとした「間」であっても、「えっ、なに、なに?」と人間の心理は引き込まれていく。

落語ではその「間」をうまく使って聴き手をぷっと吹き出させたり、わっと笑わせたり、音楽ではぐっと心を高揚させたり、哀愁を溢《あふ》れさせたりします。

ドイツにいるころ、私はバッハの『マタイ受難曲』をベルリンで聴いたのですが、イエスを裁く総督ピラトが群衆に「どちらを助ける、バラバか、イエスか」と問う場面があるんです。

合唱が「バラバ!」と叫ぶ前の一瞬の「間」。その群集心理の見事な表現と迫力に思わず息をのみました。ほんの少しの「間」のなんと饒舌《じょうぜつ》なことか。

私はそれを体感して、学生のころから忌み嫌っていたバッハにもう一度、向き合わなければ……と思ったものです。

バッハにしろモーツァルトにしろベートーヴェンにしろ、見事な作品になればなるほど、ほんのちょっとした「間」が重要な意味をもつ。

リサイタル前には1日8時間、ピアノに向かって音を探る話をしましたが、たったひとつの「間」をひたすら追い求めることもあるんですよ。

ひとつの音にアタックして、アタックして、アタックしたとき天の岩戸からスーッと光が射す瞬間がやってくるんです。

まだドイツに住んでいたころのことです。

知人がその昔、ヴィルヘルム・バックハウスの練習を聴いたときの話をしてくれました。バックハウスは、ベートーヴェン、ツェルニー、リストの直系の弟子。彼が50歳のころの話ということでした。

ウィーンのホテルに泊まっている指揮者カラヤンを訪ねた知人は、カラヤンから同じホテルにバックハウスも宿泊し、今、その1室でリサイタルに向けての練習をしていると教えられます。

バックハウス好きの彼女は喜び勇んでその部屋の前に行き、ドアへそっと耳を寄せたそうです。

すると、ポンッとひとつの音が。そして、しばらくしてまたポンッと。

彼女は辛抱強く名演奏が始まるのを待ったそうですが、聞こえてきたのはただひとつの音のくり返しだったといいます。

たぶんバックハウスはタッチと音を研究していたのでしょう。

名演奏家としてすでに名声を得ていた彼が、リサイタルで弾く曲のたったひとつの音を追っていたと彼女から聞いて、当時、まだ30代だった私は音楽の厳しさに身震いをしたものです。

でも、90代になった今の私にはわかります。音の追究は一生涯続くものなのだと。

楽譜を穴が開くほど眺めて、考えて、弾いて、「ずだ袋」に詰め込んだ経験や感情を総動員して、作曲家がそこに込めた音を探します。

アタックして、アタックして、アタックして、やっと「この長さ、この強さ、この間」という音色を見つけたとき、ああ、それはまるで天の岩戸からひと筋の光が射《さ》すような瞬間です。

そんなときには楽譜のなかでバッハが、モーツァルトが、ベートーヴェンが「いいぞ、いいぞ」とニコニコ笑っているのが見えて、長い苦しみを上まわる至福を味わうことができます。

さらに、ときとして舞台での演奏中に、聴衆の反応が私を高みに連れて行ってくれることがあるんですよ。これはもう何といっていいのかわかりませんが、客席が醸し出す空気が私を後押しして、曲のなかに入っていける。そして、作曲家と演奏家である私と聴衆がひとつになって、うわっと燃え上がる。これこそ、生身の人間と人間が出会うライブならではの醍醐味《だいごみ》ですね。

あるとき、リサイタルを聴きに来てくださった方が、「ピアニストというのはすごいですね。ステージの上のたったひとりの人間が、客席にいる５００人もの聴衆をその時間、すばらしい世界に一気に誘い込んでしまうのですから」といってくださったことがあります。

本当に、それこそがピアニストとしての本望です。

でも、生半可な練習をしていたのでは、絶対にこんな幸せの体験は得られません。

聴いている人たちの気持ちが逃げて行ってしまうようなリサイタルは絶対にしたくないから、また必死に練習するのです。


音楽の神さまは嫉妬深い。そっぽを向かれたら、「ごめん、ごめん、こっちを向いてよ」とお願いするの。


昨日できたことが、今日できないこともあります。

昨日わかったと思ったことが、今日わからなくなることもあります。

これは年齢の問題ではなく、神さまの性格の問題。

音楽の神さまというのは本当に嫉妬深《しっとぶか》くて、練習をしながらほかのことをちょっと考えたり、気がそれると、「もう君のことは知らないよ〜」といって、せっかく見つけ出した音色がすっ飛んでいっちゃうのです。

「そうそう、ここで『間』をあけるんだった」と思っても、もう遅い。音色はとてもデリケートなので、音楽の神さまにそっぽを向かれてしまうと、「これっ！」という

「間」にずれが生じてしまいます。

そんなときには心を入れ直し、音楽に集中して、「ごめん、ごめん、こっちを向いてよ」と神さまに平身低頭。お怒りをおさめ、こっちを向いて微笑《ほほえ》んでくれるようにピアノと向き合います。

今までにどれほど神さまにそっぽを向かれたことでしょう。本当にしょっちゅうなんですよ。だから気が抜けません。

でも、こんなふうに戒めてくれるのも「もっともっと精進しなさい」という、神さまの愛情なのかしら。

あと一歩でわかりそうで、わからない。あと少しでできそうで、できない。だからやめられない。それがピアノの魔力なのかもしれないわね。

大切なのは力まないこと。その極意は、宮本武蔵のごとし。私が生み出した必殺練習法をお教えしましょう。

以前、膝《ひざ》のけがをして大学病院に入院したときに、「なぜ、なぜ、どうして?」のまやちゃんがまたまた顔を出して、お医者さまに聞きたいことがありました。

でも、お医者さまって忙しくて、治療に関すること以外、なかなかお話をする時間がないのね。確かに入院患者の世間話や雑談につきあっていたら、本業がおろそかになってしまうので、ごもっともなのですが……。

それでも私の好奇心はおさまらず、何かいい方法はないかと頭をフル回転。そして、いい策を見つけました。

その病院には台湾からの留学生の医師が来ていたので、私は彼に目をつけ、「病室にケーキとコーヒーがあるからおいでなさいよ」と呼び寄せたのです。そう、ケーキでつったのね。

私が聞きたかったのは、「腕の力を抜いていても、指先に力が残るのはなぜ?」ということ。

ピアノを弾くとき全身がちがちに力が入ってしまう生徒がいるので、「肩も身体《からだ》も腕も手のひらも力を抜いて、自在に動かすのよ」というと、今度は指先までベチョーッとなってしまう。でも、全身、力を抜いてリラックスしていても指先には力が残っていないとピアノは弾けないんですね。そのことを解剖学的に説明してほしくて、医師にたずねたのです。

その留学生の医師がいうには、「腕というのは内側に曲がる筋肉と外側に伸びる筋肉があり、その筋肉が5対5で働いていたら、腕は力みません。腕を曲げているときというのがその状態。でも、脱力しているわけではないので、指には力が入るのですよ」と。

さらにその医師は「たぶん、そういう状態で弾いたときがいちばんいい音が出るはずです」とピアノの専門家でもないのに言い当てたのでビックリするとともに感心しました。

そうなのです。たとえば、豆腐を素手でつかもうとしたとき、力をぐっと入れれば豆腐に指がめり込み、下手をすれば潰《つぶ》してしまいますよね？　でも、豆腐を潰さないようにもつ、指先の力加減がある。ピアノを弾くときもそんな感じなのです。

それを生徒に修得してもらうために私が考えたのが、飛んでいるハエを箸《はし》でつかんだという宮本武蔵にあやかった遊びです。

手のひらを下にしてテニスボールをもって立ち、肩の高さからボールを放します。そして、落下するボールが地面につくギリギリ直前にキュッと指先の力だけでつかみ取る。全身は力まない状態にしておかないと、しなやかな動きはできません。

私はこれが得意なのですが、俊敏性のありそうな若い人でも結構、できないんですよ。そして、90代の半ばを超えた私がラクラクとやってみせることに驚いたり、くやしがったり。宮本武蔵もたぶん全身がリラックスした状態で、ハエをつかむ瞬間、指先だけに力を入れていたと思うのですが、この武蔵の極意に迫るにはみなさん、ちょっと修業が必要そうです。

とにかく、繊細な表現をしようと思えば思うほど、身体のどこかに余分な力が入ってはダメ。微妙な伝播《でんぱ》が指先にまで行き渡りません。大切なのは力まないこと。そうすれば1日8時間ピアノに向かって座っていても疲れませんよ。

頭の重さは首、首の重さは背中、背中の重さは腰……と上の重みを順々に引き受けていけば、上半身は力むことなく、どうにでも動かせる。

ピアノも人生も同じ。力まないほうが、いいんじゃないかな。

一流のピアニストは、たとえ屋根裏部屋でも一流のホテルに泊まるべき。

ヨーロッパでデビューしたとき、現地のマネジャーからこんなふうにいわれました。
「一流のピアニストは、一流のホテルに泊まるべきだ。それがたとえ、屋根裏部屋であっても」

これがプロとしての心構え。「どちらにお泊まりですか」と聞かれたとき、一流ホテルの名をつげることが大切だというのです。

つまり、プロとは舞台の上で奏でる曲だけがよければいいわけではない。ピアニスト自身も夢を提供する存在であり、もちろん形だけで中身が空っぽ、などというのは論外だけれど、自分を取り巻くものへの配慮が必要だということです。

子どものころに受けた本物志向の教育と相まって、私はヨーロッパでプロ意識を培われ、今までやってこられた気がします。

ステージで着るイブニングドレスも本格的で贅沢《ぜいたく》なものを選ぶようにしています。一生懸命、苦労して練習した音楽を、最後にイブニングドレスで包み、お客さまに「どうぞ」と贈るのですから、きれいなものにしなくちゃね。

ヨーロッパでデビューしたてのころはお金がなくて、日本から持参した帯でイブニングドレスをつくってもらったこともありましたっけ。私としては資金の節約だったのですが、ドレスを仕立てる洋裁店の女主人も日本の帯地に興味津々。そして、個性的で素敵なドレスができあがり、観客からも好評だったんですよ。

さて、イブニングドレスを着たら、シャネルの〝ココ〟をひとふり。

私はこの香水が好きで、縁起担ぎでもないのだけれど、演奏会のときにはつけると決めているんです。あら、でも最近、ときどき忘れているわね。もう縁起を担がなくてもいい年齢になったということかしら。

それでも、楽屋でイブニングドレスを身につけると、水に1滴の紅を落とし、その色がパーッと広がっていくように、身体のなかに何とも知れない緊張が広がっていきます。たったひとりで音楽に向かい合う孤独感。

イブニングドレスは曲を包むラッピングであるとともに、私にとっては勝負服。これで闘う覚悟を決めます。

そして、演奏会を終え、イブニングを脱いだときにはじめて、私は「ああ、終わった」と実感し、今度は身体のなかに安堵《あんど》が広がっていきます。でも、それもつかの間、次のリサイタルに向けての孤独な闘いが始まるのですが。

そうそう、よく女性の方々が、「一生に一度、素敵なウェディングドレスを身にまといたい」とおっしゃいますよね。

私は、ウェディングドレスは着なくても、きれいなイブニングドレスを何度も着られるからいいんだもん！　と思ってきました。

でも、こんなふうにいうと、負け惜しみに聞こえちゃうかしら？

第6章

人生、悲喜こもごも。長生きするとずだ袋の中身もいっぱい。

ピアニストとはストリップをしているようなものです。見栄をはってみても、あるがままの自分がさらけ出されます。

自分の経験したこと、考えていること、感情の深さ、そのすべてが奏でる曲に出てしまう。

舞台でピアノを弾くというのは、まるでストリップをしているようなものです。「10」をもっていてしかるべきところ、「1」しかもっていなかったら、「私は1しかもっていません」と、みなさんに聞こえてしまう。全部さらけ出されてしまうんです。いくら表面を繕ってみても無駄なのね。ピアニストなんて哀れなものですよ。

だから、「ずだ袋」が必要なのです。

人生で経験して「ずだ袋」に入れておいた、喜び、怒り、悲しみ、楽しさが熟成、発酵してにじみ出てくる。

年を経て同じ曲を弾くたびに「なんで今まで、このことに気がつかなかったのだろう」という発見があるのも、「ずだ袋」の中身が古酒のようにこっくりと味わいを増すおかげです。

最近、リサイタルの曲として、ベートーヴェンの15番のソナタ『田園』を選んだのも、90歳を過ぎてこの曲に発見があったからなんですよ。

私は学生時代から『田園』はよく弾いていたのですが、この前、ふと楽譜を見たら、「なんだ、ベートーヴェンってこんなにやさしい人間だったの？」と気づいたんです。だからピアニストには粘り強さも必要ね。

ちょっとした半音の使い方とか、ハーモニーの非常にデリケートな使い方に思いやりというのかな、とことんやさしい人間味があふれているのね。

ベートーヴェンといえば荘厳で、気難しくて、近寄りがたい存在のように思いがちですが、違うんですよ。

こんなやさしいベートーヴェンもあったのかと私はすっかり感激して、それをみなさんにお伝えしなくてはと思って、リサイタルの曲に入れたんです。

そして、私が舞台で奏でるその曲は、96歳の等身大の私そのものでもあるのです。

ドイツのお城に住む男性からのプロポーズ。
でも、ピアノのほうが魅力的だったから、お断りしちゃったわ。

生涯独身です。いえ、まだわかりませんが、たぶんね。

私の娘時代、結婚といえばお見合いがほとんど。学校を卒業するかしないかのうちに、いいご縁があったら親同士が結婚のお約束をし、旦那様《だんなさま》にかしずいて一生を過ごす……というのが普通でした。私の友だちのなかにはお見合い写真だけで結婚して、その後、旦那様がすぐに出征してしまったという人もいました。そういう時代です。

母は、何とかして私に結婚してほしかったみたいですよ。あまりにも前のことでもう忘れちゃったけれど、お見合いも何度かした気がします。

でも、私はピアノに夢中で、結婚なんて眼中にありませんでした。男女共学の経験から、男性へのあこがれもなかったしね。

それはヨーロッパに渡ってからも変わりませんでした。

ドイツに住んでいるころに、お城に住んでいる男性から夢中になられたことがあったんです。ええ、若いころの話ですよ。

朝、手紙が来て、昼には電話が来て、夜になると窓の下でうろうろしている。まあ、熱心でしたが、でも、私は「ピアノの練習がしたいのよ！」と思っていました。お城に住んでいようが、ピアノ以上に魅力を感じなかったんですね。だから、「私の恋人はベートーヴェンなの」とお断りしたんです。

ある男性からは、「あなたと結婚していたら、3日でピアノに焼きもちを焼いていただろうな」といわれたこともありましたね。そのとき私は50歳を超えていたので、「あら、もっと早くいってくれればよかったのに」なんて冗談をいって笑いましたが、本当にそうだと思います。

だって私は今でもピアノに首ったけで、のめり込んでいるんですもの。

人生において「やるべきか、やらざるべきか」の選択を迫られたとしたら、私の場合、ピアノを基軸に考えて、「ピアノのためなら、えーんやこーら」と、とことんやる。ピアノのためにならないことなら、気が向けばやる、気が向かなければやらない。もう、これがすべてです。

61歳で帰国。芸術家としての退路を断ち、日本でゼロから真剣勝負するつもりでした。

30年近くヨーロッパで活動していた私が、日本に拠点を移したのは61歳のときでした。

「会社勤めをしていれば定年を迎える年齢。よくそんな年齢から再スタートしようと思いましたね」などといわれますが、私としては年齢はまったく意識していなかったんですよ。変かしら？

　帰国を決意したのは、やはり芸術家として一人前になるためにしっかり地に足を着けたいという気持ちがあったからです。

　外国にいれば、「日本人であること」がメリット、デメリットの両面あったとしてもひとつの〝個性〟となります。そして、〝異邦人〟であることに少なからず甘えが生じます。

　卑近な例ですが、青信号で渡り始めた横断歩道が途中で赤信号に変わってしまうことってありますよね。

　ドイツにいるころ、途中で赤信号に変わってしまった横断歩道を慌てて渡り、警察官に怒られたことがあるんです。

　すかさず私は、「普通の速度で私は歩いていたのに青信号で渡りきれないというのは、この距離に問題があるんじゃないかしら」と反論しました。もし、日本にいたら「すみません」と謝っていたでしょうに、どこか「異邦人である自分の主張は通るはず」と羽を伸ばしている部分があったと思うんですね。

　芸術家としても、そういう甘えはないだろうか。心のほんの片隅に「いざとなったら日本に帰ればいい」という思いがなかったかといえば、どうかしら。

退路を断ち、母国で真剣勝負をする。

そう決断したのが、たまたま61歳という年齢のときだったのです。

それこそ30年近く日本にいなかったわけですから、今の私のマネジャーなどは私の帰国を知って、「えっ、室井摩耶子ってまだピアノを弾いていたの？」と思ったそうですよ。ひどいわね。

「中学生のころ日比谷公会堂でリサイタルを聴いたことがあったけど、まだ演奏活動を続けていたんですね」といわれたこともあります。

でも、音楽会をやるたびに日本に戻ってきたことが自然と広まっていって、こうして日本でもピアニストとして活動を続けてこられました。

考えてみたら帰国してからもう35年になります。

「何歳だから」なんて自分の行動にブレーキをかける必要はないんじゃないかしら。

私はこれからもわがままを通すつもり。

70代で肺がんになっちゃった。なっちゃったら、なっちゃったで仕方がないわね。

あれは確か70代前半だったと思います。

風邪をひいて近所の病院に行ったら、念のためにといわれて肺のレントゲンを撮ったんです。そうしたら、ちょっとおかしい影がある、専門病院に行ってくださいといわれて、その通りにしたら、「正真正銘のがんです」といわれました。まだ初期だったのですが。

その先生が「手術といっても以前は切って縫い合わせましたが、このごろは切ったあとホチキスみたいなもので留めていくので回復も早いんですよ」などと説明してくださって、その最新の手術技術というのがまあ、おもしろいんですよ。自分が患者でなければ、手術の様子を見ていたかったくらい。

私はすっかり感心して説明は最後まで聞いたのですが、でも2か月後に演奏会がひかえていたんですね。

だから、先生に「今、手術をすると演奏会の準備ができなくなるので、手術はもう少し悪くなってからでもいいでしょう?」と聞いたんです。そうしたら、えらく怒られてしまって。

「とんでもない、一刻も早くです。何月何日に入院部屋を取り、手術日も決めました。何月何日何時に病院に来てくださ〜〜い」って。恐《こわ》い、恐い。

その話を弟子にしたら、「先生、何を悠長なことといっているんですか。誰々さんという作家は、肺がんを告知されたときに脳貧血を起こしたくらいなんですよ」とまた怒られて。

要するに私は鈍いのね。肺がんってそんなにシリアスな病気だとは思っていなくて、盲腸の手術くらいに考えていたんです。

でも、みんなに怒られて入院しました。

手術は全身麻酔だったんですよ。でも、手術が終わったとき先生が、肺を手術するために肋骨《ろっこつ》を折っちゃったというのを聞いて、「先生、肋骨なんてギプスをはめて、そのままにしておけばくっつくでしょ。大丈夫ですよ」といったのを覚えているんです。まだ、麻酔が効いていたはずなのに、おもしろいわね。

再発に関しても、気にしませんでした。なっちゃったらなっちゃったで、仕方がないもの。

弟子たちからは「先生、その肝の据わり方はまるでサムライですね」とほめられた

（？）んですよ。本人としては「ただ鈍いだけ」のような気がするのだけど……。

膝の骨を折ったときも、医師が驚く回復力だったんです。日々、お肉を食べているおかげかしら。


今までに二度、膝《ひざ》のお皿を割っています。

一度目は、上野の音楽学校で教えていた30代のころ。学校が建て増し建て増しを重ねて、廊下に段差があったので、うっかりつっかかって転んでしまったんです。治るのに3週間くらいかかったかしら。

二度目は60代でしたね。スーパーでお買い物をしていたら、誰かにものを引っかけられて、ひっくり返っちゃったんです。膝を見たら皮膚が盛り上がって骨が飛び出ていて、救急車で病院に行き、即、入院です。

このとき、一度目の骨折のときに使っていた松葉杖《まつばづえ》を家から病院に届けてもらったら、医師に「なんでこんなものをもっているんですか？」と聞かれ、「二度目なんですよ、脚は違いますけど」と。そう、結局、右と左、1回ずつお皿を割っちゃったのね。

私はとにかくリハビリをしないと退院してから困ると思って、リハビリルームに行かせてもらったのですが、理学療法士が早々に「もう来なくていい」というんです。どうもリハビリルームが混んでいるので、あまり患者を受け入れたくないようなのですね。

でも、当時、私は平屋に住んでいたので、家で階段の練習ができないのね。だから、入院しているうちにもっとやっておきたいと思って、医師に「病院の階段で練習してもいいですか？」と聞いたら、「ひとりでやるなんてとんでもない」と。私は大丈夫だと思ったのですが、責任上、いいとはいえないんでしょう。

でも、その医師もついに根負けして「しかたない。病院関係者が使う階段で、僕がついていてあげますから練習しましょう」といってくださったので、しめしめ……。さっそく、秘密の階段に直行。

私がとっととことっとこ階段を上がったら、「練習しなくて大丈夫です。それにしても回復が早いな」と驚かれました。

このときも3週間くらいで治りましたね。

私は意外と回復力はあるんです。切り傷もすぐ治る。日々、お肉を食べているおかげかしら。

今、外出するときもほとんど車は使わず、電車に乗ってとことこ出かけます。電車の中でいろいろな人の様子を眺めているのも楽しいですから。ただ、困っている人がいるとつい、おせっかいをやきそうになってしまうのね。いまだに子どものころの〝引き受け性〟が健在で。

でも、最近、いろいろな方がいるので、怒られると恐いから黙っていることにしているんですよ。

気に入らない批評家の言葉は、くずかごへポイッ。役立ちそうな批評家の言葉は、くずかごから拾ってきます。

ヨーロッパの聴衆というのは非常にシビアで「この演奏はダメだ」と思うと、たとえ客席の最前列に座っていようが、あからさまに新聞を広げて読み始めたりします。大きな音を立てて洟《はな》をかんだり、席を立って帰ってしまう人もいますしね。

私は、幸いにもそういうことをされた経験はありませんが、演奏家も観客も真剣勝負。そんな環境で鍛えられ、育てられた部分は多いです。

リサイタルの翌日の新聞評も一応、目を通します。

ただし、ロロフ教授が「自分の気に入らない評はくずかごに捨ててしまえばいいんだ」とおっしゃっていたので、気に入らない評はポイッと捨ててしまう。だから、批評を読んで落ち込むことはないですね。

だって、批評家というのは毎日、いろいろな曲を聴いて評するわけでしょう？　でも、私たち演奏家はリサイタルで弾く曲と何か月も向き合い、考えて考え抜いて演奏するわけです。その1曲についてどれだけ深く勉強しているか、私は自負がありますもの。それに、批評家というのは批評をもって世の中に対している。私たちは音楽をもって世の中に対している。そもそも立ち位置も違うので振り回される必要はありません。

ただ、ときには何かを気づかせてくれるような評もあります。

そんなときは、一度、ポイッとくずかごに捨てたものでも拾ってくるの。自分の役に立つものなら何でも栄養にしちゃうってわけ。

会心の演奏ができてお褒めの言葉をいただいたときも、謙遜《けんそん》なんてせずに、「そうなの、今日はとてもよく弾けたのよ」と素直に喜ぶんですよ。

これがまた、次への原動力になるのね。

介護のときは、心の時計をストップ。そうすれば、ストレスを感じずにすみます。

父は102歳で亡くなりました。最後の5年ほど介護をしたんですよ。3年間は自宅で、その後、2年は病院に入りましたが。

足が不自由になった父を車椅子《くるまいす》に乗せて散歩をするのが日課。どれくらいの時間、散歩をするかは父の体調次第、気分次第でした。

当時もリサイタルがあれば練習が欠かせませんでしたから、「ピアノの練習が何よりも好きなあなたが、よく介護でイライラしないわね」と周りの人たちからいわれましたが、イライラはしなかったんですよ。

散歩に行くために玄関を出た瞬間、心の中の自分の時計はストップ。「これからは父の時間」と割りきっちゃう。そうすれば、「自分の時間が削られる」とストレスを感じることもなくてラク。

父の入浴などはさすがに人手に頼りましたが、ひとりで介護をしていて息がつまるようなことはありませんでした。

入院をしてからも父は食事ができたので、料理をつくってもっていきました。特別なものではなく、日々、自分用につくっているごはんと一緒のものです。だからお肉も多かったわね。

高齢の父にお肉料理というのもどうだったかと思うけれど、結構、食べていましたよ。

そう、そして、父がいちばん最後に口にしたのは、私がつくった肉団子入りのミルクスープでした。

人生の唯一の心残りは、子どもを産まなかったこと。自分の命よりも大切なものをもってみたかったわ。

人生に後悔はありません。

だって、後悔したってしょうがないもの。過去は振り返らない。常に前を向いていますね。

「ドイツに行っていなければ、今ごろは藝大の名誉教授ですよね」という人もいるけれど、「名誉教授？　そんなに興味ないわ」って感じです。

ただ、唯一の心残りがあるとすれば、子どもだけはほしかった。

子どもって、自分の命よりも大切なものでしょう？　ピアノとは両立しない、別物の大切なものをもってみたかったですね。

そう、子どもを産まなかったのは「人生の大失敗！」と思います。

でも、これまた私は愚鈍で、こんなことを考えるようになったのは最近のこと。本当ならば出産適齢期のころに気づくべきでした。

「もしピアニストになっていなかったら、どうしていたと思いますか？」と質問されることがあって、「そんなのわからないわ～」と思うけれど、結構、何でも一生懸命にやっていたような気がします。もし主婦になっていたら、子育てに燃えていた可能性はありますね、私の母みたいに。

私は子どもが好きだし、結構、子育てに才能があったかも……なんて思っているんですよ。

最近、親が自分の子どもに暴力をふるったり、自分の子どもを殺すことがありますよね。そんなニュースを聞くと、兄を亡くしたときの母のことを思い出して、なんていう世の中になってしまったのだろう……と悲しくなります。

もし、無人島にひとつだけもっていくなら、紙と鉛筆。電気が使えるなら、パソコンでもいいわね。


やりたいと思うことは何でも我慢せずにやります。

人の話によると、パソコンというのはどうもおもしろそうな機械ではありませんか。それで「やってみたいと思ったが吉日」とばかりに手に入れました。85歳のときでしたね。

名刺や年賀状をつくったり、トランプのゲームもできるんですよ。

でもね、トランプゲームでカードの並びが気に入らなかったりすると、これはダメ、ダメ、と最初からやり直し。嫌なものはやらないの。

それに、困ったときに頼れる助《すけ》っ人《と》は確保しています。

知り合いの息子さんなのですが、電話をかけると、

「ねえねえ、年賀状をつくりたいんだけれど、どうしたらいい？」

「こういう画面が出ているんだけど、次はどうするの？」

「ふむふむ、それで次は？」という風に上手に私を遠隔操作してくれるんです。

私のパソコンはわがままで、しょっちゅう私のいうことを聞かなくなってしまうの

だけど、そんなときも遠隔操作で乗り切れば問題ナシ。

じつは、ホームページの管理はマネジャーに任せています。要するにブレーン、外部の脳にいっぱい助けられているのですが、でも、「人とはこきつかうもの」ですからね。

それでも、ブログをアップするのはお手の物なんですよ。

デジカメで撮影した写真をパソコンに取り込み、ブログに載せたりもします。もちろん、デジカメも操作できるのよ。高度なテクニックは使えないけれど。

撮るのはもっぱら庭の花ね。とくに園芸の趣味があるわけではないのですが、うちの庭には鳥がタネを運んできた花が、四季折々、きれいな花を咲かせるんですよ。それを自分ひとりで楽しむのもつまらないので、みなさんにも見ていただこうと思って。

私はわりとおしゃべりなので、いいたいことを書くのにもブログはいいわね。とに

かく私は「伝えたい」という気持ちが強いのです。

もし、無人島に何かひとつだけもっていくならば、紙と鉛筆ね。電気が使えるなら、もちろんパソコン。そこで見つけた何かを書き残して、誰かに伝えたいから。

結局、ピアノにしても「ねえ、ねえ、ベートーヴェンの曲ってこんなに素晴らしいのよ」とお伝えしたくてやっているのだから、根本にある気持ちは全部同じね。

女学校に通っているころ、「アメリカの友人に手紙を書くので添削してください」と英語の先生に見ていただいたことがあるんですよ。そうしたら後日、先生から「英語としてはあやしいけれど、あなたがいいたいこと、伝えたい気持ちは十分に感じ取れます」といわれました。

ブログは〝あやしい英語〟ではなく日本語ですから、お任せください。

ただ、不満もあって……。私がブログに書いても、それに対してほとんど誰もコメントを書いてくださらないの。それがとても残念。いっぱいコメントを書いてくれれば、もっとせっせとブログを書くのですが。反応がないと、ついつい書き込む頻度が少なくなってしまって。あらっ、わがままかしら？

子どものころからの親友が亡くなって、自分の身体の一部がなくなってしまった気がします。

このあいだ最後の親友が亡くなり、友人たちのほとんどは先に逝ってしまいました。10歳年下だった弟も鬼籍に入り、家族ももういません。みんな、私の心のなかで生きているだけね。

昔ながらの友だちは何がいいといって、「ほらほら、あのとき」「そうそう、あのころ」と一瞬にしてその時代に時計を巻き戻し、話に花を咲かせられること。そして、「ピアニスト室井摩耶子」ではなく、「お転婆のまやちゃん」「世話好きのまやちゃん」にスーッと戻れることです。

そういう友だち相手だと、「今日、ほうじ茶を買ったけれど、まずかったのよ」などという愚にもつかない話もできる。そして、「そうなの、それは災難だったわね」などと返ってきて、話のキャッチボールが弾む。これが楽しいのね。

最後の親友は、ときどき声が聞きたくなって電話をかけ合う仲でしたが、だんだん彼女が電話を取るのもつらくなって、電話をかけるわけにもいかなくなりました。受話器を握っては、「でも、やはりやめておこう」と置いたことが、何度あったことか。

そして、彼女が亡くなったとき、私はお葬式に行かなかったんですよ。

本来ならば「最後にお顔を……」と思うのかもしれませんが、記憶のなかにある子どものころの彼女、若いころの彼女の顔を心にとどめておきたかったのです。もし、お別れのときの顔を見たら、思い出の顔よりもそちらが印象に残ってしまうような気がして。これもまた、私のわがままなのかもしれませんが、年をとってから友人を亡くしたときの率直な思いでした。

決してべたべたとした関係ではなかったのに、彼女がいなくなった喪失感は大きくて、自分の身体《からだ》の一部がなくなってしまったような感じがしています。自分の身体のなかの、その人が占めていた場所に穴が開いてしまったというのかしら。

長生きをして何が寂しいかって、そんなふうに思い出を共有し、自分の身体の一部になっている人がいなくなってしまうことですね。

ドイツでも長く独り暮らしをし、今も、ひとりで暮らしていて孤独を感じることはありませんが、「そうか、長生きするとこんな寂しさが待っていたのか」としみじみ思います。

でも、それを嘆いてみてもどうしようもないので、こんな寂しさも「ずだ袋」のなかに入れるとしましょう。

第7章

ピアノのレッスンはつらいもの。なんて生徒に思わせたら、先生、失格ね。

悲しい顔をしても、悲しい曲は弾けません。先生方の多くは、そのことがわかっていないの。

私は長年、ピアニストであると同時に、ピアノの先生もやってきました。ヨーロッパに行く前には東京藝術大学で教鞭《きょうべん》をとるとともに、自宅でもレッスンを。そして、帰国後また自宅でのレッスンを再開し、子どもから大人まで、今までに2000人以上の弟子を育ててきました。

現在の弟子はふたりですが、かつての弟子たちが大学で教えたり、ピアノ教室をしたりしているので、孫弟子もいるんですよ。また、イベントなどに呼ばれて教えにいくこともあります。

みなさんは、子どもに教えるのは簡単だと思うかもしれませんが、ところがどうして、子どもに教えるのって本当に難しいんです。

私が若いころ、楽譜通りに弾けていても「何かが足りない」と思ったように、「楽譜通りに弾く」ことと「ピアノで音楽を表現する」ことはイコールではありません。子どもにそれをどう伝えたらいいのかしら。

ピアノの先生方は往々にして「これは悲しい曲だから、悲しそうに弾いてね」などと子どもに指導しますが、これではわかりっこないのです。

さて、子どもたちは一生懸命、「悲しい」ということを考える。おやつが少なくて悲しかったこと。おかあさんが留守でいなくて悲しかったこと……。

そして、どうなるかというと、たいてい悲しそうな顔をして弾くのです。でも、悲しいかな！　悲しそうな顔をしても音色は変わりません。いえ、悲しいことを考えるのに精一杯で、身体《からだ》も指も固まって、逆に音色どころではなくなっているかもしれませんね。

その結果、先生は「どうしてわからないの？」と生徒をしかる。あるいは先生自身「どう教えたらいいか」と頭を抱え込む。

ピアノで音楽を表現するという、テクニックとして教えられないことを、いかに子どもに伝えるかが問われる瞬間です。

そんなとき、私が例に出すのが次のような話です。

たとえば、ひとつの小節が二分音符で終わり、次にまたメロディーが始まるという楽譜があったとしましょう。

このとき、ただ「二分音符だから、1、2と数える間、指で押さえていなさい」というのと、「音楽って物語なのよ。指で1、2と押さえながら次に始まるお話、メロディーに耳を傾けて」というのではどうなるかというと、音がまったく変わるんです。音と人間の心理というのは結びついています。おもしろいほど結びついているんですよ。「耳を傾ける」という人間の心理によって音に趣が増し、豊かになるのです。これはテクニックではないんですね。

子どもに「ただ押さえるのと、耳を傾けるのとでは音が違わない？」と聞くと、「あっ、ホントだ」とわかってくれる。

そして、自分で考え、自分で工夫ができるようになっていくんです。

私たち先生の役割は、子どもたちのベースの部分をつくること。それを土台にして、子どもたちが自分でいくらでも伸びてくれるのが理想です。全部教え込んで、型にはめることが教育ではありません。

生徒に翼を与えてあげる。

あとは、その翼を使って自由に、力強く飛び立つのを見守るだけです。ピアノのレッスンはつらいものなんて生徒に思わせたら、それは先生、失格ね。

クラシックは子どもには難しいと思うでしょう？

でも、子どもたちはときに、大人よりもずっといい聴衆なの。


あるとき、知人から「小学校1年生から4年生の子どもたちの集まりでピアノを弾いてくれない？」と頼まれました。

もちろん行きますとも。子どもは大好きですから。

「何を弾いてくれるの？」と聞くので、「ベートーヴェンの『月光』はどう？　あれはソナタだから3楽章。15分弾きますよ」と答えました。

すると、「片ときもじっとしていられないような子どもたちが15分、静かにクラシックを聴けるかしら。騒いで演奏の邪魔をしては申し訳ないし」とすごく心配されたんですね。

いえいえ、大丈夫。私も策を練りますから。

さて、当日。

まずはピアノのふたをしめて「ねぇ、この黒い箱はなーに？」と子どもたちに聞きます。

「ピアノ！」

「そうそう、ピアノよ。このピアノの音をちゃんと聴いたことがある？」と聞くと、ありやなしやの答え。

「じゃあ、みんな、こっちに来てみて」とピアノの近くに集めて、「こんな音、どう思う？」といちばん低い音を弾くと、みんな驚きます。

「ビックリよね。私もこんな音、聞いたことがないわ。ピアノには88の違う音があるのよ。じゃあ誰かいちばん右の鍵盤《けんばん》を押してごらんなさい」と促すといちばん高い音が鳴ります。

「あっ、誰か犬の尻尾《しっぽ》を踏んじゃったんじゃない？　キャンッていったわよ」というと、みんな、喜ぶんですよ。

「作曲家の先生たちはピアノのどの音がどういう感じかということをよく知っていて、それをつなげて曲を書くのよ。まるで物語みたいに」という話をすると、みんな「ふーん」と聞いているので、そこで『月光』を弾きます。

弾き始めは、みんな、おしゃべりとかをしているんですね。

でも、1楽章の最後に近づいてきて、ディミヌエンド、「だんだん小さく」の記号がついた部分を弾いてみせて、「今までいろいろなお話をしていた人たちが、さようなら、さようなら、さようなら……とだんだん遠くに行って、ほら、誰もいなくなっちゃった。でも、ここからまた次のお話が始まるのよ」と2楽章を弾き始める。すると、子どもたちは物語の読み聞かせのように音楽のなかに入り込んでいくんです。そして、3楽章まで静かに聴いてくれる。

子どもたちはある意味、大人よりも感受性が豊かです。クラシックは難しい、というのは大人の偏見。ときには子どもたちのほうが、大人よりも音楽の物語性を感じてくれるいい観客なんですよ。

弟子みんなに同じように教えているのにそれぞれが個性的なピアノを弾く。不思議ね。

先日、うちのお弟子さんたちの発表会があったんです。

そういう会というのはたいていおもしろくなくて、チケットを買った（ときには買わされた）身内や関係者は、自分の義理を果たすと席を立って帰ってしまうものなんですね。

ところが、その会は、観客がおもしろがって最後まで帰らなかったんです。

「みなさん、個性的な魅力があって、失礼ながら、飽きません。そして、個性的なのに室井先生の弟子だとわかる演奏をするから不思議ですね」とおっしゃってくださるんです。

弟子のひとりで今、音大の先生をやっている人が、「普段は忘れているけれど、ときどき生徒に教えているときに『ああ、室井先生はこういって私に教えてくれたな』と思い出すんですよ」というのね。教えてからもうすでにウン十年も経《た》っているというのに。

私が弟子たちに教えるのは「楽譜を見るときにはこのことと、このことをちゃんとやらなければダメよ」ということや、音楽文法のこと。

弟子が表現で悩んでいるときには、「楽譜に立ち返りなさい。答えは楽譜のなかにあるのよ」ということを話します。

それは、全員に対して同じように。

「こういうところがあなたの個性だから、こういうふうに弾きなさい」などということは一切いいません。

でも、弟子たちはちゃんと個性的な演奏をする。

それはきっと、みんながそれぞれ違う「ずだ袋」をもち、それが演奏に反映されるからなんですね。

私は昔の弟子たちの演奏を聴きながら、私のもとを飛び立ったあと、彼や彼女らはこんな人生を歩んできたのか……という思いにふけるんです。だって、人生が垣間見《かいまみ》えるんですもの。

みんなが個性ある演奏家に育ってくれて、本当に先生冥利《みょうり》に尽きます。天にも昇らんばかりにうれしいひとときです。

ベートーヴェンはあなたよりはるかに天才。
ベートーヴェンの鼻に勝手にコブをつけてはいけません。

どこまでも作曲家の意図に忠実であることが大事で、演奏家は余計なことは何もしてはいけない。

これは、ドイツで師事したロロフ教授やケンプ教授から教わって私がずっと守り、また、弟子たちに伝えてきたことです。

「演奏家が余計なことをしてはいけない」とはどういうことか。

それは、たとえば「このリズムはすばらしいから、もっとこれを聞かせたい」と楽譜には書いてないのに、自分なりに強調したりしてはいけないということです。強調した途端に余計なものが入ってきて、作曲家が意図して書いた物語とは違うものになってしまいます。

私たち演奏家に求められているのは、無心で楽譜に迫っていき、そこに秘められた思いを音色として表現すること。

勝手に音やリズムを装飾してはいけないのです。

そんなことをする生徒がいると、ロロフ教授は「そんなことをするな。ベートーヴェンというのは、あなたよりはるかに天才なのだから、あなたが余計なことをする余地はないんですよ」といったものです。

ごもっとも。勝手にベートーヴェンの鼻にコブをつけてはいけません。

「ハイドンはつまらない」だなんて、日本の教育ママの固い頭をたたき壊さなきゃ！

あるとき、ピアノ教育に熱心なママたちがこんなことをいっているのを聞きました。

「おたくのお嬢さん、まだハイドンをやっているの？　うちの子はもうモーツァルトをやっているわよ」

こういうママというのは、ただただ先へ先へと課題曲が進んでいけばいいと思っていて、それがハイドンであれ、モーツァルトであれ、関係ないんですね。

「ハイドンのよさもわからないなんて、日本のママの固い頭をたたき壊さなきゃ！」と息巻いていたら、「うちのホールでそういう話をしませんか？」と誘われました。

確かに、ママたちにとって、ハイドンは〝ただの子どもたちの練習曲〟。その魅力を伝えるのが私の役目かもしれませんね。

そんなわけで、25年ほど前にトーク・コンサートを始めました。実際の演奏を交えながら曲の魅力を語り、解説していくという試みです。

実施後、ママたちからは「ハイドンの素晴らしさがはじめてわかった」といわれました。また、コンサートに来た方々からは、「クラシックの敷居が下がった」と好評だったんですよ。

それで、以後、ハイドンに限らず、シューマン、モーツァルト、ベートーヴェンの曲なども取り上げて、トーク・コンサートを続けています。

とくに有名な曲などは、みなさんの頭のなかにその曲に対する「思い込み」「先入観」があるので、「実際、楽譜にはこういうふうに書かれているんですよ」という部分をお話ししたり、演奏で音をお聴かせしたりしています。

『「演奏の秘密」〜聴けば納得！』というCDでも、楽譜に隠された秘密についていろいろと解説をしました。それを聴いたある批評家が「こんなに手の内を明かしてしまっていいのですか？」といったけれど、私にしてみればそういう秘密があることを知ってもらうことも役目だと思っているんですよ。

でも、本当をいえば、「音楽というのは音で伝えるもの」だというのが私の思い。だから、トーク・コンサートはあくまでもクラシックの世界へ入るきっかけ。一歩踏み出したあとは、トークなしで音からどんどん感じ取ってもらえるようになるのが理想です。

コンクールに通るための練習だけをしていたら、コンクールに通るだけで才能は打ち止めです。

ピアノを習う上で、コンクールというものがひとつの目標として据えられがちです。多くの先生は、弟子をコンクールに通したいんですね。そして、入学試験に合格する対策を練るように、コンクールに通るためのレッスンがひとつの傾向になっています。

でも、コンクールの上位に入るような「テクニック的にうまい」ということと、「音楽的に解釈してうまく弾ける」ということはイコールではありません。

だから、コンクールで1番になった人が、下手をすると表現方法が限られてしまい、その後、演奏家としては長くもたないということもありえるんです。芸術とは単にテクニックのみではない、という所以《ゆえん》です。

「コンクールに通るための練習」に陥らないことが大事なんですね。

ただし、私はコンクール自体に対して批判的なわけではなく、「勉強のためのコンクール」は受けるべきだと思っているのですよ。

ひとつの曲の仕上がり具合にしても、普段のレッスンなら「このくらいで」となるところが、コンクールだと「さらに、さらに」とハードルを上げる。そして、コンクール会場で人前で弾くという緊張感など、いつものレッスンにはない経験ができます。

そこから得られるものは大きくて、ひと皮むけるんですね。

コンクールを受けて上位に入れなくてもいいんです。目的はそこにあるのではないのですから。だから、いい成績が残せず肩を落とす弟子に私はいうんです。「あなた、随分、うまくなったじゃない。よかったわね、コンクールを受けて」って。

何が食べたい？　どう表現したい？　常に自分の意志をもっていることが大事じゃないかしら。

たとえば、親子でレストランに行ったとします。

「何を食べたい？」と親が聞くと、日本の子はたいてい「何でもいい」と答えます。これは、ひとつには親に対する信頼。親に任せておけばいいものを選んでくれると思っているんですね。そして、もうひとつには、自分の意志をもっていない。意志が確立されていないわけです。こういう子どもは、親にしてみれば育てやすいかもしれませんね。

ドイツではどうかというと、子どもたちは何を食べたいかをはっきりいいます。万が一にでも「何でもいい」などといおうものなら、親は「おまえの頭は空っぽか」と怒ります。小さいときから意志が確立されるように教育されるんです。

これは、ピアノを習うときの姿勢にもつながってきます。

私が、日本でクロイツァー教授にピアノを習っているとき、決して教授の表現は真似《まね》せず、自分がこうと思う表現を貫いたことはすでに話しました。日本人としては〝規格外〟の行動です。

でも、ドイツでは自分の意志を示すのが当たり前なので、自分の表現を曲げずにピアノを弾く生徒は多くいます。

もしかしたら、その表現は音楽的には正しくないのかもしれませんが、先生に反論をぶつけるかぎりはあとにひけないので精一杯、考えてやる。そのことが生徒を育てていきます。

そう。生徒が先生に反論したっていいんですよ。


日本人の聴衆はやさしいから、どんな演奏にも拍手をくれます。でもそれは、自信のなさでもあるのね。


ドイツに住み始めたころ、外国から来た女の子がひとりぼっちでかわいそうだと、マダムたちがよくホームパーティによんでくれました。

30人くらいのお客さまのお料理も飲み物も、マダムがひとりで仕切ってサービスする様子は、さすがだなといつも感心したものです。

そして、話題づくりも見事なんですよ。

その週にオペラがあったりすると、「○○さんはこんなふうに歌ったけれど、どう思う？」と問いかける。

　すると、とたんに意見が飛び交い始め、「○○さんはこう歌ったけれど、△△さんはこうだったから、おかしいんじゃない？」とか、「いえいえ、私は○○さんの歌い方はよかったと思うわ」とみなさん、しっかりした意見をもっているんですね。それも新聞に載っているいい加減な批評家の意見を借りているわけでもないのです。

　音楽に対してどう感じるかは個人の感性の問題で、正解はありません。誰が正しい、間違っているではなくて、自分はどう感じたか、あなたはどう感じたかで話に花を咲かせるのです。

　演奏会で「つまらないよ。僕は聴いていられない」と思えば、ヨーロッパの人たちはリサイタル中に新聞を読み始める人もいれば、離席する人もいる話をしました。ところが、日本人はどうかというと、お行儀がいいので最後まで聴いてくださるし、思いやりがあるので、「せっかく弾いてくれたんだから」と拍手をしてくれます。

でも、それと同時に、日本人は自分に自信がないのね。

あまりいいと思っていなくても「みんなが拍手をしているんだから、きっとよかったんだろう」とまわりに合わせてしまう。

　客席でお行儀を悪くすることは勧めませんが、日本の聴衆はもっと自分の感性に正直でもいいんじゃないかしら。

感じ方に正解も不正解もない。自分の感性を信じて、もう一歩踏み込んで音楽を楽しんでみませんか？

第8章

なにもかもゼロにして、死ぬつもり。うまくいくかしら。

人に物を頼んで、うまくいかずにイライラしない秘訣？それは、「期待しない」＋「ちょっと不まじめ」じゃないかしら。

気ままな独り暮らし。その日、その日で自分の気分や体調に合ったものをつくって食べたいので、買い物と料理は自分でやっていますが、お掃除と洗濯は人手を借りていますし、年をとればなんやかやと助けてもらっています。そんなとき、こちらが思うようにやってもらえないこともちろんありますが、イライラはしないですよ。

相手に過剰に期待しないから。だって、マメにきちんとするのが好きな人と、そうでない人がいるでしょう？　みんなが自分の思うようにやってくださるわけがないものね。そして、「もう少しこうやってくれたらいいのに」と不満に思うようなことは自分でやれば十分。私、ピアノに関してだけはとてもまじめな〝ピアノの虫〟ですが、あとは結構、いい加減なのね。

最近、自分でちょっと嫌だなと思っているのは、以前は思い立ったら落語でもなんでもすぐに聴きに行ったりしていたのが、このごろでは行動力が鈍って出しぶってしまうこと。

でもね、その「面倒くさい」と思っている自分を「いいんじゃない」と受け入れちゃうので、自分に対しても腹が立たないの。

イライラしない秘訣《ひけつ》は「ちょっと不まじめ」かもしれませんね。


私が冠婚葬祭の本を出すならば、そこに秘かに書きたいことがあります。それはね…


冠婚葬祭の際に使うマナーや文言をまとめた実用書ってありますよね。

もし、私があの手の本を書くのならば、ぜひ入れたい項目がひとつあるんです。それは何かというと……。

「とても感激して、『ありがとう』をいうときには、鼻をつまんで舌を出しましょう」と。

えっ、ドイツにはそういう習慣がある？

いえいえ、単にみんながそんなふうにやったらおもしろいだろうな、と思っているだけです。すっごくまじめな本にそんな冗談がひとつくらい混じっていたら楽しいと思いませんか？

いたずら心とかユーモアって、暮らしのエッセンス。

私は、ピアノを演奏するときは今でも必死で、とてもそんないたずら心やユーモアをもち込む余裕はありません。でも、人とおしゃべりをするときや生徒さんと接するときは、こんなエッセンスを効かせたいですね。「偏屈な老人」にならないためにも。

リサイタル前の私の1日は、「ピアノを弾いているか、食べているか、寝ているか」だといいましたが、でもね、その合間あいまにこんな愚にもつかないことを考えたりしていると、頭にも心にもいいすき間ができて、風通しがよくなる。気分も晴れ晴れするんですよ。

5歳をめいっぱい生きなければ、6歳になれない。95歳をめいっぱい生きなければ、96歳になれません。

私は10歳のころから新聞を読み、吉村冬彦（寺田寅彦《とらひこ》のペンネームのひとつ）の『藪柑子集《やぶこうじしゅう》』などを愛読していたのですが、そんな私を見て、母が「おませになる必要はないのよ」といっていました。

長じれば嫌でも難しい本を読まなければならなくなる。今、急ぐことはないのだと。

まあ、母がそんなに心配しなくても、新聞や本を読む以外は本当に「お転婆のまやちゃん」で、めいっぱい子どもらしく遊んでいましたけれど。

そんな経験から思うのは、5歳のときの生活をたっぷり5歳らしく経験しなければ、子どもは6歳になれない。6歳のときは6歳を十分に経験しないと、7歳にはなれない……ということです。

今では、それが子どものためだとばかりに、少しでも早くいろいろなことを身につけさせよう、少しでも早く先の教育を受けさせようと親ががんばります。でも、急がずにその年齢なりの体験をさせてあげることも必要だと思うんですよ。

5歳も、6歳も、7歳も、二度とは来ない年齢なのですから。

そして、それは何歳になってからも同じ。私自身、80歳になっても、90歳になっても、1年1年をめいっぱい生きてきました。

だから、人生に後悔はないといえます。

これからの96歳も日々、めいっぱい生きるつもりです。

口に合わないものを勧められたときには、「最近、小食になってしまって」とニッコリ。老人の特権ね。


お肉は本当に大好きです。

おいしいお肉をいただいたときなどは、もうニッコニコです。

「ほかに好物は?」と聞かれたら、「おいしいもの」と答えます。

そして、「嫌いなものは?」の答えは「まずいもの」。

会食などで口に合わないものを勧められたときは、我慢して食べたりはしないんですよ。

「年齢のせいかしら。最近、小食になってしまって」とニッコリ微笑《ほほえ》んで、さらりと流す。こういうとき、年をとっていると便利ね。角がたちませんから。

子どもの食べ物の好き嫌いは栄養面でどうかと思いますが、別に私は成長期の子どもでもないし、もう十分に育っているので、これくらいわがままだっていいんじゃないかしら。

この前は、電車に乗っているときに横にひひじじい(ごめんあそばせ)が座ってきたんですよ。「僕はいつも若く見られるけれど、いくつに見えますか」とか、いろいろとおもしろくもない面倒なことを話しかけてくるので、適当に相づちを打ちながら降りる駅を聞いて、「そろそろ○○駅ですよ。お互い年をとると足元が危ないですから、早めに出口の近くに行かれたほうがいいですよ」と微笑み、親切なふりをして追っ払っちゃった。

ものはいいよう。「うそも方便」ならぬ「年も方便」ね。

リサイタルの翌日に大転倒！　転ぶのも計算尽く？
いえいえ、あちこち痛くて大変でした。

数年前、リサイタルの翌日に道を歩いていて、ちょっとした段差に躓《つまず》いて大転倒。マンホールに顔をぶつけるし、手から足まで右半身打撲です。

顔には大きなアザができ、歯が折れたんじゃないかしらと心配したのですが、とりあえず大丈夫。骨も無事でした。

それでも、転ぶときにいろんなところに力が入ったりひねったりしたようで、打ったところ以外も身体《からだ》じゅうあちらこちらが痛くて、ベッドで横になるたびに「あいたたた」、起きるたびに「あいちちち」と1週間くらい大変でした。

このときマネジャーは開口一番、「リサイタルが終わってからで本当によかった。リサイタル前だったら500人分払い戻しだった」。

まず最初にそこに気が回るのは、さすがマネジャー、さすがプロだとは思ったけれど、私の身体の心配は二の次なんですよ。まったく……。私のこと、不死身だと思っているんじゃないかしら。

いえいえ、これはちょっと恨み言をいってみたかっただけで、マネジャーをすごく頼りにしています。

じつは私、携帯電話をもっていないんですね。でも、唯一、マネジャーの電話番号だけは暗記しているの。だから、今回のように出先で何かあったときは、自分で電話をできなくても、誰かに電話をしてもらえます。命の電話ね。

携帯電話を使っている人たちは、他人の電話番号を記憶することがないそうですが、ひとつくらいはそらんじておいたほうが安心ですよ。でも、私もそのうちぼけて忘れちゃうかもしれないけど。

それにしても、今回、転倒したのがリサイタル終了後で本当によかったです。転ぶのも計算尽《ず》くだったわけではないですが。

身体があちらこちら痛いと、ピアノを弾く気がしないだけでなく、何もする気がおこらないのね。

やはり高齢者にとって、転ぶのは要注意。

体が痛むだけでなく、心のやる気も折れかねないとつくづく思いました。でも、今はもう元気です。やはり不死身なのかしら。


ハイドンの1曲の極意を3時間かけて弟子に伝授。

私はまもなく死ぬから覚えておいてねって頼んだの。


路上で大転倒した前日のリサイタルで弾いたのが、ハイドンの『ピアノ・ソナタ第49番変ホ長調』です。

これもまた、2か月くらいかけて楽譜とにらめっこし、ときには音楽の神さまにそっぽを向かれながらも、神さまのご機嫌をとり、ああでもない、こうでもないと工夫をして仕上げた曲です。

今回の楽譜の読み解きが〝究極〟だと思ってはいません。もうこれ以上、読み解くのは面倒くさくて嫌だと思ったら、それはピアノをやめるときでしょう。ただ、現時点の私が楽譜から読み取ったこと、理解したことを弟子に伝えておこうと思って、

「細かく教えてあげるから楽譜をもっていらっしゃいよ」と声をかけました。

私の楽譜にはいろいろ書き込みがあって、本来それは〝企業秘密〟なんですよ。でも、今回、それを秘《ひそ》かに公開。

「ここのところはこうやってみたけれど、こうやらないとダメなのよ」とか、「こういうときはこういうやりかたと、こういうやりかたがあって、自分で選びなさい」とか、細々と伝授したんです。だいたい20分の曲ですが、3時間くらいかかりましたね。教えた弟子は30代。私はまもなく死んじゃうからね、覚えておきなさいって。別に、〝遺言〟のような辛気くさいことでもないですけれどね。

私が伝えられるのはこの程度のこと。

世の中には、どこがどういいのかわからないけれど胸を打つ芸術品というのがありますよね？　私の弟子たちがこれから何十年もかけて、そんな域まで昇華させてくれることを願っています。

カラヤンですら、忘れられつつあるように、音楽家とは忘れられる存在です。潔くていいわね。

3、4年前のことですが、ドイツのピアニスト、ヴィルヘルム・ケンプのCDを探しにお店に行ったところ、「ケンプ」という項も、CDもありませんでした。がっかりしましたが、でも、それもうなずけます。

日本では「楽壇の帝王」などと称されたあのカラヤンであっても、死後30年近く経《た》った今、若い人のなかには知らない人がいます。

そう考えると、私が大好きなケンプのすばらしい演奏を後世に伝えたいと思ったところで時代は変わり、きっと若い人たちは聴こうとも思わないでしょう。

絵画や文学のほうがまだ、のちのちまで残っていくのかもしれませんが、消えてゆくのが音楽家の宿命なのかな、という気もします。

まあそれも、潔くていいわね。

そもそも私たちは家族にしても、祖父母くらいまでは覚えていたとして、その一代前となるともう名前すらわからないですよね。

昔の人たちはそのことをよく知っていて、「○○家先祖代々の墓」というのは、とてもよくできた、いい考えだと思います。何代前までも覚えていなくても「先祖代々」をお祀《まつ》りし、お墓に拝みに行きますからね。

だけど、うちの場合はもう弟も亡くなってしまって、私がお墓に入ったらおしまい。だから、というわけでもないですけれど、私などは「死」に対して結構、さばさばとしています。

死んでから誰それにお墓参りに来てほしいとか、考えないもの。

いよいよ身体が動かなくなったら老人ホーム。でも、ただそう思っているだけで、将来の計画はゼロです。

「家で死にたい」とか「病院は嫌だ」とおっしゃる方もいるようですが、私は家でも病院でも関係ないわと思っています。

「痛くなければいい」と思ってみたところで、痛かったらしかたがないし、死ぬのが恐《こわ》いんだか恐くないんだか、死ぬのってどういうことなのか、誰も知らないですもの。

いよいよ身体が動かなくなったら、独り暮らしができなくなったら、家を売って老人ホームに入るつもりですが、ただそう思っているだけで、家をどうやって売買するのか、老人ホームはどのくらいの予算でどこに入るのかなど、まったく考えていません。

そういえば、数年前『カルテット！　人生のオペラハウス』という映画を観《み》たんですよ。これは、ダスティン・ホフマンの初監督作品。イギリスにある、引退した音楽家たちばかりが暮らす老人ホームが舞台です。

もう15年ほど前になりますが、この老人ホームのモデルとなった、ミラノにあるホームのドキュメント番組をテレビで観たことがあって。そこで暮らすピアニストが、一日中、『エリーゼのために』を弾いているシーンが出てきたのですが、私は彼女の奏でる音を聴いて、ベートーヴェンの半音の使い方の美しさを知った気がして、とても印象的だったのです。

映画には、そういうピアニストは登場しませんでしたが、どこの国でも音楽家というのは自我が強く、そのわがまま勝手ぶりには思わず苦笑……。

そういう人を自由に暮らさせるホームは素晴らしいなと思ったけれど、もし日本にあったら、どうかしら。私はやはり音楽家同士で暮らすのは大変な気がするわ。

まあ、どんな老人ホームに入るのか、入らないままなのかもわかりませんが、お金を全部使って、ゼロになって死ぬのが理想です。かっこいいでしょう？　でも、ゼロにするのってむずかしいわね。同じゼロでも、私の場合は将来計画がゼロ!?

金銭感覚がなく、たまに銀行に行っては「私の貯金、まだ残りはあるかしら」と聞いている始末ですから。

そもそも、あとどれくらい生きるのかは、神さまだけが知っていること。私に予算計画を立てるのは無理ね。

でも、気持ち的には、何もかもゼロにして、私自身もゼロになれたらいいな、と。さて、うまく帳尻《ちょうじり》を合わせられるかしら。まあ、どうにかなるでしょう。

思い出の整理は、そう簡単にはできません。気持ちが割り切れたり、割り切れなかったり。

家を新築し、築80年の家を壊すに際して、たまりにたまったあふれんばかりの物の整理が大変でした。

古い家には母の着物もずいぶんあって、こういうものはどうしたらいいのだろうと思っていたら古着屋さんが来て、「これ全部でいくらです」ともっていきました。

その作業は〝感情〟などまったく介さず、あくまでも事務的に。

私としては割り切れない気持ちもあったのですが、過去の思い出を考えていたら何も捨てられず、片づきませんものね。

父母の写真なども、私が死んでしまえば見る人もなく、おしまい。そう考えたら捨てちゃっても同じよね……と思いましたが、これは割り切れませんでした。だから、いっぱい残していますよ。

処分してしまったものについても、それで良かったのかなと、ときに考えたりもします。

何ごともさばさばして、後ろより前を向いて生きている私ですら、こんな感じなんですから、思い出ってやっかいなものですね。

でも、私が死んだらその思い出もそれこそゼロになってしまうのだから、割り切れたり、割り切れなかったりでもいいのかな。


まだまだ、毎日、発見があるから。

神さま、もう少し私をこの世に置いてください。


引退。

このことについて考えたことは、まだ一度もありません。

まわりのピアニストにはもちろん引退する人もいて、どうしておやめになるのかと、ときどき考えます。

年齢や病気など自分自身の変化もあれば、家族などの環境の変化もあって、体力的に、あるいは時間的に練習できる状態ではなくなるということもあるでしょう。

あとは、音楽のなかに何かを探すというエネルギーがなくなり、ピアノを続けるモチベーションが保てなくなる、ということもあるのではないかと思います。

私などは、今でも楽譜のなかに発見があるから、まだまだピアノが弾きたい、もっと弾きたいと思うけれど、そんなふうに楽譜と対峙《たいじ》するのも気力、体力、精神力が必要です。

「あなたは一生やりたいことがあって、それをやれて本当に幸せね」なんていわれると、「そうなのかしら？　それなりに大変なのよ」とも思うけれど、でも、「本当に幸せなんだな、私」とも思います。

このごろ、私は作曲家と会話をするようになったんですよ。

さまざまな作曲家の老年期、とくに亡くなる前の何年かの作品というのは、驚くくらい深く、すばらしいものが多いのです。

今までの私は受け身で、どのようにその作品を理解し、受け止めようかと苦労していましたが、今は「なぜ、こんな曲をつくろうと思ったの？」と作曲家と話をします。そんな会話ができるのも、私が年をとったからね。

心が通じる友人と日向《ひなた》ぼっこをしながら茶飲み話をするように、作曲家と会話する時間は、安らかで楽しくて、わくわくして……。

こんな時間をまだまだもう少し、味わっていたいと思うのです。

文庫版あとがき

ねえ、ねえ、こんな素敵なお話があるの。だから、読んで聞かせるわね。

リサイタルでピアノを弾くときは、いつもこんな気持ちです。

聴衆の方々が、私の演奏を聴きながら、それぞれいろいろな情景を思い浮かべ、さまざまな感情を湧《わ》き立たせて、物語の世界にひたってくださったら、こんなに幸せなことはありません。

だから、「次のリサイタルまでに、この曲を納得のいくものに仕上げよう」と、日々、楽譜とにらめっこしてはピアノを弾き、そのリサイタルが終われば、また、「次のリサイタルまでに、この曲を納得のいくものに仕上げよう」ということを繰り返してきました。

そして、気がついたら96歳になっていた、というのが正直なところです。

さすがに以前に比べて、行動範囲も狭くなり、出歩くことも少なくなりましたが、それでも日々の暮らしに退屈したり、独り暮らしでも寂しいと思わないのは、いつも楽譜の中を自由自在に旅し、200年前の作曲家たちとしきりにおしゃべりをしているからでしょう。

家に居ながらにして、時空を超えて、私はいくつになっても自由なのです。


こんなふうに、生涯をかけて夢中になれるものと出会えたことが、私にとっての何よりの幸運だと思います。

芸事を始めるといいとされていた6歳の6か月と6日目に、お琴ではなくピアノを私に与えてくれた父、そして、熱心にピアノを習わせてくれた母に、改めて感謝の気持ちでいっぱいです。

そう、真っ黒な大きな箱が、わが家にやってきたあの日から90年、私の人生はずっとピアノとともにありました。

きっとこれからも「次のリサイタルまでに、この曲を納得のいくものに仕上げよう」と日々、ピアノの前に座るうちに、「あら、いつのまにかこんな年？」と自分の年齢に驚いているのだろうと思います。

長寿の秘訣《ひけつ》。

私にとってのそれは、わが意のままに生きることです。

とにかくピアノとだけはまじめに向き合い、あとは何も執着することなく、気に病むこともなく、さっぱり気ままに生きる。これに尽きると思います。


わがままだって、いいじゃない。

私自身の人生なのだから。

神さまにもう少しだけわがままをいって、ピアノとの蜜月《みつげつ》を過ごさせてもらいたいと思っています。

そして、どこかのリサイタル会場で、みなさんに私の奏でる物語をお聴きいただけたら、これに勝る喜びはありません。

2017年3月　自宅にて

―本書のプロフィール―

本書は、二〇一三年四月に単行本として小学館から刊行された『わがままだって、いいじゃない。―92歳のピアニスト「今日」を生きる―』を改題し、加筆改稿して文庫化したものです。

構成／竹中はる美